Claudia Reshöft

ROBERT HABECK

Eine exklusive Biografie

Claudia Reshöft

ROBERT HABECK

EINE EXKLUSIVE BIOGRAFIE

FBV

Bibliografische Information der Deutschen Nationalbibliothek
Die Deutsche verzeichnet diese Publikation in der Deutschen Nationalbibliografie. Detaillierte bibliografische Daten sind im Internet über http://dnb.d-nb.de abrufbar.

Für Fragen und Anregungen
info@finanzbuchverlag.de

Originalausgabe, 1. Auflage 2020

Nymphenburger Straße 86
D-80636 München
Tel.: 089 651285-0
Fax: 089 652096

Redaktion: Daniel Bussenius
Korrektorat: Dr. Manuela Kahle
Umschlaggestaltung: Marc-Torben Fischer
Umschlagabbildung: Gettyimages.com/2018
Satz: Daniel Förster, Belgern
Druck: GGP Media GmbH, Pößneck
Printed in Germany

ISBN Print 978-3-95972-291-9
ISBN E-Book (PDF) 978-3-96092-540-8
ISBN E-Book (EPUB, Mobi 978-3-96092-541-5

INHALT

VORWORT

Verstörend. So ist die Nachrichtenlage im Sommer 2019. Ein Sonderbericht des Weltklimarats stellt der Menschheit in Sachen Nachhaltigkeit ein miserables Zeugnis aus. Die USA unter ihrem Präsidenten Donald Trump sind zu einer konfrontativen Außenpolitik zurückgekehrt. Rechtspopulisten haben Polen fest im Griff, Ungarn ist zur Autokratie mutiert. Großbritannien will der Europäischen Union den Rücken zukehren. Muslimfeindlichkeit und antisemitische Übergriffe finden in deutschen Gazetten immer wieder Eingang in die Schlagzeilen. Die SPD, die älteste im Bundestag vertretene demokratische Partei, hat sich durch ungeschickt agierendes Personal selbst zerlegt. Eine von leeren Versprechen enttäuschte Wählerschaft in den neuen Bundesländern protestiert mit einer Hinwendung zur extrem rechten AfD. Alles scheint in Aufruhr zu sein, auf nichts scheint mehr Verlass. Selbst nicht auf Bundeskanzlerin Angela Merkel und ihre Regierung, die den in Deutschland lebenden Menschen viele Jahre, die eine gefühlte Ewigkeit zurückzuliegen scheinen, in weiten Teilen Sorglosigkeit und wirtschaftlichen Aufschwung bescherte. Doch spätestens mit Einsetzen der Flüchtlingsbewegungen 2015 hat die treusorgende »Mutti« sich für viele als Mythos entpuppt.

Kanzlerinnendämmerung. Vertrauensverlust. Klimakrise. Bildungsnotstand. Strukturwandel. Mietenwahnsinn. Angesichts der Lage weiß man gar nicht, wo man zuerst anpacken soll. In dieser Schockstarre braucht es jemanden, der einen Funken Hoffnung entzündet. Der eine Idee davon hat, wie sich die Menschen aus ihrer Depression und Ohnmacht lösen können. Der kommt ausgerechnet in Gestalt eines Grünen daher. Robert Habeck. Erst Philosoph, dann Schriftsteller und miterziehender Vater, der Beruf und Familie gleichberechtigt neben seiner Frau unter einen Hut bringt. Dann Umweltminister und stellvertretender Ministerpräsident von Schleswig-Holstein. Ein politisch spätberufener Senkrechtstarter, der heute gemeinsam mit Annalena Baerbock die Doppelspitze von Bündnis 90/Die Grünen bildet.

Das in früheren Zeiten chaotisch agierende alternative Bündnis befindet sich seit Antritt des Duos im Höhenflug. Einst als Bewegung der »Müsli-Esser« und »Ökospinner« abgetan, gewinnt die Partei immer mehr Anhänger, selbst in der bürgerlichen Mitte. Und dabei spielt Robert Habeck eine, wenn nicht die zentrale Rolle.

Aber wie kam es zu seinem kometenhaften Aufstieg? Welchen Personen und welchen Umständen verdankt er seine rasche Karriere? Und welchen Eigenschaften?

Weil er so klug daherredet? Weil er so gut aussieht? Weil die Feuilletons ihn so sehr lieben? Weil er mit einem Mix aus Mut zu unbequemen Entscheidungen und einer guten Portion Pragmatismus selbst erbitterten Gegnern Respekt und Sympathien abringt? Oder weil er Macht will?

Aus Gesprächen mit Weggefährten, Beobachtern, politischen Gegnern und umfangreichen Recherchen ist diese Annäherung an den smarten Revolutionär entstanden, der die politische Kultur mindestens in Deutschland nachhaltig verändern könnte.

Claudia Reshöft,
Ostholstein, im November 2019

KAPITEL 1
DER ANFANG VON ALLEM

In den Sechzigerjahren gibt das Wirtschaftswunder in Deutschland wieder Hoffnung. Der Wohlstand, von dem große Teile der Bevölkerung profitieren, hat die Menschen großzügig gemacht. Im Geldausgeben. Und auch, wenn es darum geht, sich einstiger Überzeugungen zu entledigen oder sie zu verdrängen.

Doch die Nachwehen des Zweiten Weltkriegs sind noch nicht vergessen, und gegen das Schweigen der bleiernen Zeit bildet sich Widerstand. Denn an vielen Schaltstellen der jungen Demokratie sitzen noch immer einstige Mitläufer und Mittäter des Nazi-Regimes, die mithilfe eines Persilscheins auf ihre Posten bei der Polizei, in der Justiz oder an die Universitäten zurückgekehrt sind. Vornehmlich die Studenten machen Rabatz. Linke Bewegungen fordern in außerparlamentarischer Opposition eine vollständige Entnazifizierung. Sie setzen ein Zeichen gegen die verbreitete Prüderie, indem sie freizügig ihre sexuelle Selbstbestimmung feiern. Und setzen dem Einfordern blinden Gehorsams eine antiautoritäre Erziehung entgegen. Angeheizt durch den gewaltsamen Tod des Studenten Benno Ohnesorg, der 1967 bei Protesten gegen den Schah von Persien von einem Polizisten erschossen worden war, und durch den Anschlag auf Rudi Dutschke, der zur Symbolfigur des Widerstands geworden war, lehnen sich die Studenten gegen das »spießige« Establishment auf, in teils gewalttätigen Demonstrationen und Aktionen.

In Deutschland rumort es also wieder, 24 Jahre nach Kriegsende. Und der Sozialdemokrat Willy Brandt, der von konservativen Kräften als Vaterlandsverräter diffamiert wird, wird mit einer sozialliberalen Koalition Bundeskanzler.

Im nördlichsten Bundesland scheinen die Studentenproteste weit weg. Auch in Lübeck, Brandts Heimatstadt. Die wohlstandssatten Endsechzigerjahre scheinen eine gute Zeit zum Kinderkriegen zu sein. Auch für den Apotheker Hermann Habeck und seine Frau Hildegard, die als Flüchtlinge aus dem Osten in der traditionsreichen Hansestadt vorübergehend eine neue Heimat gefunden haben. Am 2. September 1969 kommt ihr Sohn Robert zur Welt, zwei Jahre später folgt ein zweiter Sohn: Hinrich, schmaler und feingliedriger als der Erstgeborene. Ernster und stiller sagen die, die ihn kennen.[1] Später in seinem Leben, aber weit vor dem älteren Bruder, wird Hinrich sich bei den Grünen engagieren, Naturwissenschaften studieren, sich mit den Prozessen und Strukturen von Lebewesen beschäftigen und ein Netzwerk bilden, das diese Erkenntnisse ingenieurwissenschaftlich umsetzen kann.[2]

Das bürgerlich-konservative Elternhaus schafft für die beiden Jungs den idealen Rahmen, um behütet und frei von materiellen Nöten den Weg ins Leben zu finden. Weder Robert noch seine Eltern ahnen, dass fast fünfzig Jahre später der *Stern*-Kolumnist Hans-Ulrich Jörges ihn mit Willy Brandt vergleichen wird.

Kindheit am Meer

Robert ist fünf Jahre alt, als seine Eltern beschließen, von der Trave an die Kieler Förde zu ziehen.[3] Nach Heikendorf.

Das einstige Bauerndorf am Ostufer hatte sich nach Ende des Kriegs in den Schlafvorort der nahen und in weiten Teilen zerstörten Landeshauptstadt gewandelt. Und die Siedlung Möltenort, direkt am Fördesaum gelegen, hatte sich durch die Zuwanderung von mit ihren Booten geflüchteten Ostpreußen zu einem der größten Fischereihäfen Schleswig-Holsteins entwickelt.[4] Die Anerkennung als Seebad tat ihr Übriges, damit Heikendorf sich zu einer prosperierenden Gemeinde entwickeln konnte.

Kalifornien und *Brasilien* liegen nicht weit entfernt. Zwei Strandabschnitte, denen irgendwann mal irgendjemand aus einer Laune heraus diese ewigen Sonnenschein verheißenden Namen gab. Sie klingen nach großer weiter Welt. Dahin wird es Robert ziehen, auch wenn es anfangs nicht danach aussieht.

Er wächst auf in der adretten Mittelklasse-Wohngegend von Alt-Heikendorf. Das weiß verputzte Elternhaus ist von einer dichten, grünen Hecke umgeben. Von hier aus sind es 750 Meter zu Fuß bis zur »Apotheke am Dorfplatz«, die Vater Hermann nun führt und sechs Jahre später, nach dem Bau des neuen Rathauses, in »Apotheke am Rathaus« umbenennen wird. Genauso viele Schritte sind es bis nach Möltenort, dessen Hafen mit seinen Kuttern und ihren strahlend weißen Bugen und bunten Kajüten, den Fischernetzen und Takelagen das Fernweh und die Romantik weckt. Kein Gedanke daran zeichnet sich ab, dass diese idyllische Szenerie ein paar Jahre später die Kulisse bilden wird, vor der Robert wortreiche Gefechte führen wird. Dann, wenn er in der Landeshauptstadt angekommen ist, die am gegenüberliegenden Fördeufer bei klarer Sicht deutlich zu erkennen ist.

Robert besucht das örtliche Gymnasium, die Heinrich-Heine-Schule. Und er schreibt Tagebuch,[5] um das emotionale Chaos der Pubertät zu sortieren, dem ein noch größeres folgen soll.

Das Unwahrscheinliche ist möglich

Im Mai 1986 führt die Schultheater-AG William Shakespeares' *Sommernachtstraum* auf. Robert, der in der Zwischenwelt der Adoleszenz seinen Weg erkundet, ist »das Herumirren der Liebenden ..., das Sich-Finden und Sich-Verlieren« der Protagonisten im Zauberwald nicht fremd.[6] Er ist gerade dabei zu erforschen, wie ein Sich-immer-wieder-neu-erfinden gelingen kann.

Ein warmer Mairegen geht am Theaterabend über Heikendorf nieder und lässt die Zuschauer beim Verlassen der Aula schlagartig aus der liebestrunkenen Komödie erwachen. Denn was da vom Himmel tropft, birgt bedrohliches Potenzial. Eine Woche zuvor, in der Nacht zum 26. April, war in Block 4 des Kernkraftwerks Tschernobyl nahe der ukrainischen Stadt Prypjat ein Reaktor explodiert. Der GAU, vor dem die Atomkraftgegner immer gewarnt hatten, war eingetreten.

In den ersten zehn Tagen stieg über der Ukraine Radioaktivität von mehreren Trillionen Becquerel in die Erdatmosphäre auf. Und regnete dann andernorts nieder. Vor allem die Region nordöstlich von Tschernobyl sowie viele europäische Länder, darunter auch Deutschland, wurden radioaktiv kontaminiert.

Nach dem lauen Guss der Sommernachtstraum-Nacht ziehen am nächsten Tag wieder Schönwetterwolken über den Himmel. Doch nichts mehr ist wie zuvor. Eine gespenstische Stimmung liegt über der Republik. Die Informationen seitens der sowjetischen Regierung fließen spärlich und unzuverlässig, offizielle Stellen in Deutschland wissen selbst nichts Genaues. Wie gefährlich ist der Regen? Wie stark die Strahlung? Unsicherheit greift um sich. Spielplätze verwaisen. Blattgemüse vergammelt am Stängel. Kühe, die nun eigentlich auf die Sommerweide entlassen werden sollten, bleiben im Stall. Ihre Frischmilch versauert in den Kühlregalen, vor dem GAU produzierte H-Milch ist rasch vergriffen. Auch beim Fleisch von Weidetieren können die Verbraucher nicht sicher sein, ob es nicht ebenso belastet ist wie die wild geernteten Pilze, die für viele Jahre von den Speisenplänen verschwinden werden.

Schon seit Langem haben Atomkraftgegner vor Szenarien wie diesen gewarnt. Mit teils gewalttätigen Großdemonstrationen tobt der Widerstand gegen das 1986 in Betrieb genommene Atomkraftwerk im elbnahen Brokdorf. Zehn Jahre länger dauert bereits der Kampf der Anti-AKW-Bewegung im benachbarten Brunsbüttel. Und seit 1984 bremsen die Demonstranten mit Sitzblockaden die Castor-Transporte mit dem strahlenden Atommüll auf ihrem Weg in das Zwischenlager im niedersächsischen Gorleben aus. Robert hat davon gehört, doch erst mit der Havarie von Tschernobyl wird das hypothetisch beschworene Szenario auch für ihn zur konkreten Bedrohung.

Mit dem radioaktiv verseuchten Mairegen sickert die Ahnung in sein Leben, dass Gewissheiten sich von einem Moment zum nächsten auflösen können. Dass einem Schlimmeres als eine verpatzte Liebesgeschichte oder schlechte Noten zustoßen könne. Dass auch er nicht verschont bleiben würde von den Ereignissen in einer Welt, die größer ist als sein etwas über 8000 Seelen zählender Heimatort. Der Heikendorfer spürt, wie stark sein eigenes junges Leben von den Entscheidungen beeinflusst wird, die andere Menschen treffen. In der Bonner Politik und in den internationalen Schaltzentralen der Macht.[7] Er begreift, dass er ein Teil dieser Welt ist, die nur zu ändern ist, wenn er etwas wagt: seine persönliche Freiheit gegen Willkür zu verteidigen und die Umstände zu ändern. Auf die ihm eigene Weise.

Robert ist bis zu den frühen Maitagen 1986 weit davon entfernt, ein Revolutionär zu sein.[8] Er gehört nicht zu denen, die null Bock haben auf Schule und den ganzen anderen Kram, der einen daran hindert, das Leben zu genießen. Der nach Aussagen seiner Lehrer »eher angepasste, etwas verträumte, aber zuverlässige und hochengagierte« Gymnasiast aus dem behüteten Elternhaus interessiert sich plötzlich für Politik und Hintergründe.[9] Er ist jetzt bald 17 und will die Instrumentarien der Macht und Willkür des Staats begreifen. In der Politik-AG im neuen Schuljahr diskutieren sie über das Vermummungsverbot bei Demonstrationen, den Sinn und das Für und Wider von Hausbesetzungen, über Rassentrennung. Seine Meinungen und Kommentare zur Bundeswehr, zum Einsatz von Gewalt und Töten von Menschen fließen in die Schülerzeitung *Heulboje* ein, deren Redaktion er gemeinsam mit Freunden leitet.

Seine Lehrer erinnern sich unisono an ihn als einen »bemerkenswert selbstbewussten« Jugendlichen.[10] Rainer Petermann, der Robert als Neunt- und Zehntklässler unterrichtet hatte, ist einer von ihnen.

Der freundliche Pensionär lebt in einem Reihenhaus, so wie man sich eine Alt-68er-Wohnung vorstellt. Viel Holz, Bücherregale an den Wänden. Einen starken Kaffee in der Hand erzählt Petermann. »Im Mathe- und Physikunterricht habe ich Robert weniger wahrgenommen, denn meine Fächer zählten nicht gerade zu seinen Stärken.« Intensiv aufgefallen sei Robert ihm erst im Schuljahr 1986/87. »Ich war zu der Zeit Verbindungslehrer und Robert war Schülersprecher. Das ist eine herausfordernde Aufgabe, in die man viel Zeit investiert und in der ein vermittelnder Umgang mit Lehrern und Schülern gleichermaßen gefordert ist. Robert hat das ganz herausragend gemeistert. Er initiierte Abende, bei denen Schüler selbstverfasste Gedichte vortrugen, es wurden Filme gezeigt, auch politische – und Diskussionsabende zu bildungspolitischen Themen, wie etwa der Oberstufenreform, veranstaltet. Und er gründete gemeinsam mit anderen Aktiven ein Schülerradio, das während der Pausen die Mitschüler mit innerschulischen Informationen, aber auch mit den neuesten Hits versorgte. Kurz: Es war eine sehr schöne und außerordentlich erfreuliche Zusammenarbeit.«

Nicht nur Petermann zeigt sich beeindruckt von Roberts gewinnender, mäßigender Art. In diesem Schuljahr wird gleich das gesamte Kollegium der Heinrich-Heine-Schule auf den 17-Jährigen aufmerksam.

Engagiert wie er ist, darf Robert, dem die Lehrer neben dem »im positiven Sinne« ausgeprägten Selbstvertrauen eine außerordentliche Durchsetzungsstärke bescheinigen,[11] als einziger Schüler überhaupt an der von Oberstudienrat Peter Wenners herausgegebenen Jahresschrift mitwirken. Sie trägt den Titel des Heine-Gedichts »Jetzt wohin«. Schreiben kann Robert, der gelegentlich an der Schreib-AG teilnimmt, ansonsten aber, von sich und seiner Qualität überzeugt, auf eigene Faust »arg innerliche« Gedichte schreibt.[12] Diese wird er unter dem Titel *Das Land in mir* später, garniert mit Fotografien seines Freundes Jens, veröffentlichen.

Clever ist er auch. Und bei allem Selbstvertrauen, das Himmelstürmern seines Alters zu eigen ist, erstaunlich selbstkritisch.

Am Ende seiner Amtszeit als Schülersprecher beschreibt er in der Jahresschrift, wie er von den eigenen Gewissheiten und Überheblichkeiten abrücken musste. »Zu Beginn meiner Amtszeit war ich fest entschlossen, meine Ideen mit allen Mitteln durchzusetzen ... Und obwohl das Wort ›Kompromiß‹ den verächtlichen Beigeschmack von ›Halbheit‹ und ›Verrat‹ hatte, war ich gezwungen, Kompromisse einzugehen ... Diese ›Selbstverleugnung‹ bereitete mir anfangs große Sorgen, bis ich endlich einsah, daß Kompromiß nicht immer nur Verzicht auf eigene Vorstellungen ist, sondern auch Toleranz und Zugeständnis an andere Ansichten sein kann.« Schülerrechte zu wahren, in der Schülervertretung trotz Meinungsverschiedenheiten geschlossen aufzutreten und dabei die Balance zu finden zwischen »Verrat und Kompromiss, realem Ziel und Wunschdenken, Repräsentationsauftrag und Eigenverantwortlichkeit, zwischen notwendiger Ordnung und Veränderung abzuwägen«, sei nicht leicht für ihn gewesen, schreibt Robert weiter und schließt mit der Hoffnung, es sei ihm wenigstens annähernd gelungen.

Diese frühe, beinahe demütige Einsicht war sicher eine gute Vorschule für jemanden, der sich viel, wenn nicht sogar alles zutraut. Seine charakterliche Stärke, Einsicht zu zeigen und Schwächen zuzugeben, gegenüber sich selbst und vor anderen, trägt ihm Sympathien ein. Und er wird sie zu nutzen wissen.

Mal so tun, als ob …

Robert ist 17 Jahre jung. Die Theater-AG des Gymnasiums unter Leitung von Dr. Norbert Sieverding will die *Dreigroschenoper* von Bertolt Brecht aufführen. Ein politisches Musikstück mit einem Vorspiel und acht Bildern. Geschrieben für singende Schauspieler. Robert, der sich musischen Fächern und der Sprache eher zugeneigt fühlt als den Naturwissenschaften, hat Lust an der Darstellung.[13]

Obwohl Robert weder Noten lesen kann und seine gesanglichen Qualitäten im besten Fall als befriedigend einzustufen sind, traut er sich die Rolle des Bettlerkönigs Jonathan Jeremiah Peachum zu. Der ist der Kopf der Londoner Bettelmafia, ein zynischer, skrupelloser Machtmensch. Eine Rolle, die einem Halbstarken wie Robert gefallen muss. Ein Habitus, mit dem er sich im Lauf der Proben zunehmend selbst identifizieren wird.[14]

Was ihm an seinem dazustellenden Alter Ego gefällt, ist Peachums »durchdringende analytische Klarheit«, die entlarvt, dass Humanität ein Markt ist, Politik ein Geschäft, Liebe eine Ware und »Kapitalismus nicht die Herrschaft des Geldes …, sondern ein System, alles in eine Tauschbeziehung zu setzen«.[15] So verstörend diese Erkenntnis für Robert auch sein mag, übersetzt er das Spiel versuchsweise ins wahre Leben. Doch die Mädels stehen nicht auf die ungewohnten Mackerallüren des sonst so gefälligen, sonnigen Robert, dem es mit seinem Charme gelingt, alle für sich zu begeistern.[16]

Die beliebtesten Jungs sind immer die, die bei Lagerfeuer Gitarre spielen und dazu noch singen. Ein bisschen was von Eric Clapton vielleicht oder Bob Dylan. Das macht sich immer gut. Robert aber kann nichts von beidem. Er trifft kaum einen Ton. Keine gute Ausgangslage für seine Rolle als selbstverliebter Peachum. Doch er will einen überzeugenden Auftritt hinlegen. Also kommen anstelle von Depeche Mode, den Senkrechtstartern Mitte der Achtzigerjahre, nun historische Aufnahmen von Kurt Weills Liedern vom Plattenteller. Robert Habeck hört genau hin und singt die Texte seiner Rolle nach. Er übt drei, vier Wochen lang,[17] aber es klingt noch immer nicht besser. Weder der »Morgenchoral« noch der »Anstatt-dass-Song«.

Da erteilt ihm ein Mitspieler eine Lektion fürs Leben, an die Robert Habeck sich auch in seinem späteren Leben als Politiker oft erinnern wird. Auf der Bühne sind er und sein Freund Jan Konkurrenten, denn der hat die Rolle des unerwünschten Peachum-Schwiegersohns Mackie Messer übernommen. Doch im wahren Leben sind sie Freunde. Jan verfügt ebenfalls über kein nennenswertes Gesangstalent, doch offenbar merkt es ihm niemand an. Außer Robert. In einem Gespräch unter Jungs, die Bierflasche in der Hand, fragt er Jan: »Sag mal, du kannst doch eigentlich auch nicht singen ...« »Ja, aber ich lass es mir nicht anmerken.«[18] Jans selbstgewisses Strahlen täuscht die Zuhörenden über die kleinen, verzeihlichen Schwächen hinweg, die in den schiefen Tönen mitschwingen.

So tun, als sei er selbstbewusst ... Wenn er nur fest genug daran glaubt, es verinnerlicht und sich auf seine Qualitäten verlässt, wird das schon klappen. Diese autosuggestive Kraft wird Robert in den kommenden Jahrzehnten ebenso nützlich sein wie die Ernsthaftigkeit, mit der er sich der Schauspielerei in der Oberstufe widmet.

Himmel statt Höhle

Es ist das Werk Platons, das Robert animiert, sich für den Philosophie-Leistungskurs einzuschreiben. In dessen Werk *Politeia* diskutiert der griechische Philosoph Sokrates in einem fiktiven Kreis über die Gerechtigkeit und ihre mögliche Verwirklichung in einem idealen Staat. Vor allem beim Höhlengleichnis wird Robert hellhörig.[19] Denn die Metapher beschreibt die Befreiung des Menschen durch die Erkenntnis, dass es jenseits der rein sinnlichen Wahrnehmung eine geistige Wahrheit gibt: Die Menschen leben gefangen in einer unterirdischen Höhle. Sie sind so an Ketten gefesselt, dass sie sich nicht umdrehen, einander nicht anschauen und auch nicht den Ausgang aus diesem Gefängnis ausmachen können. Das Einzige, was sie erblicken, ist eine Felswand, auf der sich im Widerschein eines entfernt flackernden Feuers die Schatten von Gegenständen abzeichnen. Dazu nehmen sie durch ein Echo Stimmen wahr, deren Quelle sie aber nicht identifizieren. Stattdessen scheint es ihnen so, als könnten die Schattenbilder sprechen. Die Menschen halten also die bloße Projektion, die rein sinnliche Wahrnehmung, für die einzige Wirklichkeit. Die zweite Stufe der Erkenntnis könne erreicht werden, indem einem Gefangenen die Fesseln abgenommen würden. Er wäre wohl durch das Feuer geblendet, würde jedoch erkennen, dass das, was er für wahr hielt, nur das Abbild seiner subjektiven Wahrnehmung ist und es eine irdische Realität gibt, die es anzuerkennen gelte. Doch vermutlich zöge es ihn, weil es bequemer sei, wieder zurück ins Dunkel.

Um des Lernprozesses und der Erkenntnis willen müsse man ihn also zum weiteren Aufstieg zwingen. Denn in der Welt außerhalb der Höhle erblicke er wieder Abbilder, diesmal jedoch die der Realität. Erst wenn der Mensch die Augen zum Himmel und zur Sonne hebt und ihr gleißendes Licht aushielte, würde er die Idee des Guten erkennen.

Die meisten Menschen jedoch – und das ist keine exklusive Erkenntnis Platons – ziehen die Bequemlichkeit des Gewohnten den Unwägbarkeiten der Selbstverantwortung vor. Nicht so Robert Habeck. Er ist nach der Lektüre entschlossen, sich der Fesseln zu entledigen, aus der Höhle auszubrechen und zur »Idee des Guten« aufzusteigen.

Abseits der Schulpflichtlektüre vertieft sich Robert Habeck in die Essaysammlung *Unter dem Zeichen der Freiheit* von Albert Camus. Dieses Werk fällt bei ihm auf einen gut vorbereiteten Boden, auf dem neue Gedankenspiele möglich werden.

Nach dem Suizid eines Schülers an der Nachbarschule stellen sich für die Schüler existenzielle Fragen: Welchen Sinn hat ein Leben, wenn der Mensch sich nach Erfüllung sehnt und sie nicht findet? Lohnt sich »das Leben die Mühe, gelebt zu werden, oder nicht«? Genau diesen Fragen geht die Philosophie-AG der Heinrich-Heine-Schule mit einem Ausschnitt aus Camus' *Der Mythos des Sisyphos* nach. Camus erzählt darin nach, wie der Titelheld, dem es durch skrupellose Schlauheit mehrfach gelungen war, trickreich den Tod zu überlisten, schließlich vom Gott Hermes in die Unterwelt gezwungen wird und zur Strafe einen großen Stein einen Berg hinaufwälzen muss, so lange, bis er dort liegenbleibt. Doch fast am Gipfel angekommen, rollt der Felsblock jedes Mal wieder ins Tal zurück. Dieses Gleichnis eines ebenso mühevollen wie aussichts- und hoffnungslosen Daseins übersetzt Camus in die moderne Zeit: Wir sind niemals fertig, es gibt immer etwas zu tun. Denn wenn wir fertig wären und nichts mehr zu tun hätten, dann wäre das für uns die Hölle auf Erden. Camus kommt zu dem Schluss, dass man sich Sisyphos als glücklichen Menschen vorzustellen habe. Eine Anschauung, die Robert gefällt.

Existenzialistische Grundüberlegungen wie diese reizen den jungen Denker.[20] Er will Philosophie studieren. Er will nicht auf das Eingreifen höherer Mächte warten oder auf andere, günstigere Zeiten. Er weiß, dass es ein starkes Rückgrat braucht, um allen Absurditäten standzuhalten. So wie Albert Camus es getan hatte, dessen »Freiheits«-Band auf seinem Nachttisch liegt, und der auf dem Buchcover mit Zigarettenkippe im Mundwinkel, den Blick ins Irgendwo gerichtet, dargestellt ist. Robert wünscht sich, ein wenig oder sogar ganz und gar zu sein wie der französische Philosoph, der sagte, »Der einzige Weg, in einer unfreien Welt zu bestehen, ist, so frei zu werden, dass die eigene Existenz ein Akt der Rebellion wird.« Doch um das Credo seines Idols zu verwirklichen, braucht es eine Menge Mut.

Daran mangelt es Robert nicht. Seine Abiturprüfung legt er mit 19 Jahren über Immanuel Kants transzendentale Ideen ab. Die fordern einen wachen, streitbaren Geist, der nicht müde wird, die Hintergründe von Behauptungen durch Fragen zu erkunden, und besagen, dass man »Unvernunft mit Vernunft stellen kann«.[21]

Weil Robert auch kriegerische Auseinandersetzungen für unvernünftig hält, wird er den Wehrdienst verweigern. Das ist seine Antwort auf die Frage nach dem Gewissen. Und er will jetzt endlich weg aus Heikendorf, »so weit wie möglich«.[22] Auch von Deutschland, das für »feste Regeln, Erwartbares« steht, kurz der »Gegenbegriff zu Freiheit« ist.[23] Diese Höhle will er hinter sich lassen. Europa heißt sein Ziel – mit einem Interrail-Ticket in der Tasche, das ihn unter anderem durch Griechenland und Jugoslawien führen und seine Begeisterung für ein Europa ohne Grenzen wecken wird.

Damit das Denken die Richtung ändern kann

Nach einem Sommer, angefüllt von den Eindrücken seiner Interrail-Tour, geht Robert Habeck nach Hamburg. Statt in einer Kaserne Gewehrläufe zu putzen, betreut er als Zivildienstleistender Schwerstmehrfachbehinderte in einer Wohngruppe des Hamburger Spastikervereins, der sich 1996 in »Leben mit Behinderung Hamburg Elternverein e.V.« umbenennen wird. Habeck, der »bis dahin ein unbekümmertes Surferleben geführt hat«,[24] wechselt Windeln, wäscht von Spasmen steife Körper, bringt die Bewohner ins Bett, putzt, macht die Wäsche – eine Herausforderung für den Sohn aus gutem Haus, die ihm Respekt abringt gegenüber jenen, die sich in sozialen Berufen Tag für Tag um andere kümmern. Jahre später wird er, der durch sein protestantisches Elternhaus geprägt ist, sich in der *Zeit* als »säkularer Christ« bezeichnen. Als solcher glaube er nicht an Gott und gehöre keiner Kirche an. Er teile aber sehr wohl die Werte des Christentums, das der absoluten Macht das Mitgefühl und die Barmherzigkeit entgegenstelle. Ein Grundgedanke, von dem er sagt: »Das ist noch immer revolutionär und beeindruckt mich bis heute!«[25]

In Hamburg drängt es Habeck, seine Einsichten literarisch darzulegen. In seinem ersten Roman *Traumblind. Ein Gefühl wie Freiheit*, der 1990 erscheint, soll es wieder um das ihn beherrschende Thema Freiheit gehen. Er beschreibt darin die Sehnsucht seines Helden Ole, eines Abiturienten, Grenzen auszuloten und dabei seinem Verantwortungsgefühl gerecht zu werden.[26] Um jedoch Albert Camus' »Geistigkeit, die Denktiefe« zu erlangen,[27] muss er die Welt und die menschliche Existenz, die Grundlage ihres Denkens und Handelns erforschen. Und er will für sich eine Richtung finden, die seine Gedanken zu einer Wirklichkeit formt.

Die Suche nach Antworten zieht ihn zum Studium der Fächer Germanistik, Philosophie und Philologie an die Albert-Ludwigs-Universität in Freiburg im Breisgau. Das ist gewiss keine Entscheidung, die auf eine steile, geradlinige Karriere hinausläuft, sondern eher einen Selbstzweck erfüllt. Sprache verstehen und verfeinern. Mehr begreifen, Perspektiven wechseln und daraus eigene Antworten auf die großen Herausforderungen des Lebens abzuleiten – Habeck ist angespornt von diesen Gedanken. Und die Eltern lassen ihn gewähren.

Für den nun 22-Jährigen ist die Politik noch weit weg. Wie die meisten Kinder der 1989er-Generation ist er im relativen Wohlstand weitgehend unbelastet groß geworden. Die 68er-Generation hatte die größten Hindernisse und gesellschaftlichen Ungerechtigkeiten bereits aus dem Weg geräumt. Auch der Kalte Krieg war vorüber. Hehre Ideale, grundlegende Veränderungen, für die es sich zu kämpfen lohnt? Nach denen muss die satte Generation erst einmal suchen. Robert Habeck wird sie finden. Mit dem Studium von Immanuel Kant, Georg Wilhelm Friedrich Hegel, Karl Popper, Paul Celan und Wilhelm von Humboldt wächst seine Lust am Denken weiter. Oft mit einer Intensität,[28] die von anderen bewundert, doch zugleich als verstörend wahrgenommen wird.[29]

Freiburg, die in Weinberge und Hügel eingebettete Studentenstadt am Rand des Schwarzwalds, ist ein sonnenverwöhnter und überschaubarer Flecken. Um hier Spaß zu haben, braucht man nicht viel Geld auszugeben. Und wer Lust an der Schauspielerei hat, braucht nicht lange nach Gleichgesinnten zu suchen.

Habeck, der seit der Schulzeit die Bühne liebt und das Publikum, sucht über das Schwarze Brett der Uni nach Leuten, die Interesse haben, bei einer Theatergruppe mitzumachen.

Kurz vor Pfingsten versammeln sich ein paar Gleichgesinnte in einer Kneipe.[30] Darunter auch ein Mädchen, das ihm schon auf dem Campus aufgefallen war. Denn während er sich lustlos, aber pflichtbewusst durch die »Ästhetik des Widerstands« von Peter Weiss kämpfte, genoss die junge Frau, auf jegliche »professorale Autorität« pfeifend, die Sonne.[31] Die Haare fransig, der Pony zur Hälfte abrasiert.[32] Das Gesicht fein geschnitten, mit einer langen schmalrückigen Nase unter schmalen, blitzenden Augen. Ein Gesicht, in dem Selbstbehauptung, Entschlossenheit und Güte nah beieinanderliegen zu scheinen.

So viel äußere und innere Unangepasstheit faszinieren ihn. Ohne sie zu kennen, habe er sich bei diesem Anblick in sie verliebt, wird er später einräumen.

Dieses Mädchen sitzt ihm in der Kneipe direkt gegenüber. Zufall oder inszenierte Absicht? Denn auch ihr war der dunkelblonde junge Mann auf einer Erstsemesterparty aufgefallen. Sie sah ihn tanzen, und so wie er »die Welt anlachte«, musste sie sich einfach in ihn verlieben, erinnert sie sich 2016 in einem Paar-Interview mit den *Kieler Nachrichten*.[33]

Dieses Mädchen heißt Andrea Paluch. Sie studiert Germanistik und Anglistik. Und wie die beiden bald feststellen, gibt es Gemeinsamkeiten: Sie ist in Langenhagen bei Hannover geboren und im benachbarten Garbsen aufgewachsen. Er stammt ebenfalls aus dem Norden.

Geteilte Wahrheit

Wird aus der gegenseitigen Anziehung zwischen dem offenen, zugewandten, wissbegierigen Habeck und der selbstbewussten Andrea Paluch eine Liebelei? Oder vielleicht sogar mehr?

Während Habeck sich in späteren Jahren wortreich mit romantischen Ausschmückungen an das Kennen- und Liebenlernen erinnern wird, klingt ihre Version nüchterner, frecher.

Andrea Paluch meint, ihre Geschichte sei »kürzer und besser« als die seine: »Wir haben uns beim Theaterspielen kennengelernt, ich habe den Henker gespielt und Robert den Verurteilten. In der ›Panne‹ von Friedrich Dürrenmatt.«[34]

Der Schlagabtausch, den das Paar führt, wird sich auch in weiteren Interviews wiederfinden. Ein flapsiger Ton, der typisch ist für zwei, die sich gut kennen. Und mögen.

Im ersten gemeinsamen Italienurlaub sieht jedenfalls alles danach aus, als hätten zwei Temperamente mit unterschiedlichen Sichtweisen zueinander gefunden, die sich in den kommenden Jahren immer wieder um die klügeren Einfälle streiten und dabei befruchten werden.

Doch statt die junge Liebe und das Studentenleben in den Straßen und Gassen Freiburgs zu genießen und sich auf dem Augustinerplatz oder in Kneipen zu treffen, zieht Habeck sich zeitweise komplett zurück. Die Universitätsbibliothek wird zu seiner Höhle und Martin Heidegger, der in Freiburg gelehrt hatte und an dem seither niemand vorbeikam,[35] zum flackernden Widerschein des Feuers. Denn die Lektüre von dessen Werk *Sein und Zeit* verführt den jungen Studenten mit dem sonst so sonnigen Gemüt dazu, sich »radikal asozial« zu verhalten. Ein Dasein, das so gar nicht zu Habeck passen will.

Wieder einmal greift ein selbstregulierender Automatismus, eine Art innere moralische Instanz, die ihn dazu bringt, sein Verhalten zu überprüfen. Denn wie er später in seiner politischen Biografie *Wer wagt, beginnt* gesteht, zeigen ihm »die Tränen, die in der Wirklichkeit flossen, wie ... weltverachtend ein Gedankenuniversum ist, das nur um sich selbst kreist«.[36]

Aus dieser festgefahrenen Situation befreit er sich mit einem Neustart an einem anderen Ort. »Ich floh mit einem Erasmus-Stipendium von Freiburg nach Dänemark«, verrät Habeck 2016 in einem Interview mit dem *Zeit*-Magazin für die Porträtreihe »Das war meine Rettung«.[37] In Kopenhagen, genauer gesagt am Abend seines 23. Geburtstags, habe er sein Leben wieder auf die Spur gebracht. Das Leben in Dänemark habe ihm gezeigt, dass man alles auch anders sehen könne und nicht glücklich werde, wenn man andere Sichtweisen ignoriere. War damit die gesellschaftliche Grundorientierung der liberalen, entspannten Bewohner des Nachbarlandes gemeint? Oder war es das Zusammenraufen eines Paares, das Festigen einer Liebesbeziehung, der Robert Habeck bisher ausgewichen war?

Die Flucht nach Dänemark endet jedenfalls nicht in Einsamkeit. Sein »Mädchen« geht mit, sie studiert International Cultural Studies in Roskilde. Die beiden teilen sich eine kleine Wohnung in Kopenhagen und erproben das Zusammenleben. Es funktioniert. Gut sogar. Dieses gemeinsame Jahr, vor allem der skandinavische Gemeinschaftssinn prägt ihn nachhaltig. Ebenso wie die sich festigende Beziehung.

Die Zwischenprüfung ist geschafft. In den Semesterferien fahren die beiden Frischverliebten mit dem Fahrrad und einem Zelt im Gepäck von Freiburg nach Gibraltar. Jetzt wollen sie zwei Monate lang die Sonne des Südens genießen und Land und Leute kennenlernen. Zurück geht es über Portugal durch die vom Weinbau geprägte Kulturlandschaft der Estremadura. Hier feiert Habeck seinen 24. Geburtstag. Sein Mädchen aus Hannover überrascht ihn, der ansonsten philosophische Schwergewichte liest, mit Astrid Lindgrens *Wir Kinder aus der Krachmacherstraße* und schreibt folgende Widmung hinein: »Lieber Robert! Ich glaub, das ist ein super Buch und wer weiß, für was noch alles nützlich …« Zum Beispiel dafür, dass das Kinderbuch in dem Beschenkten ein neues Bild von unangepasster Kindheit und Familie prägt und ihm einen »Entwurf fürs Glücklichsein« liefert.[38] Daraus lässt sich doch etwas machen. Eine eigene Familie gründen etwa.

Mehr als zwei

Freiburg ist definitiv ein abgeschlossenes Kapitel. Andrea Paluch und Robert Habeck gehen für ihr Hauptstudium ab dem Wintersemester 1993 nach Hamburg.[39] Parallel arbeiten sie in einer Zweizimmerwohnung an ihren Abschlussarbeiten. Habeck wagt in seiner Magisterarbeit eine stilkritische Untersuchung der Gedichte von Casimir Ulrich Boehlendorff (1775–1825). Der Dichter und Historiker, den manche als Vorläufer der Grünen bezeichnen, hat sich in seinen Werken immer wieder mit der Frage beschäftigt, was den Menschen und dessen Handlungen antreibe: die empfundene Freiheit oder die vorgegebene Bestimmung? Boehlendorff war am Ende seines Lebens an der Welt, wie sie ist, derart verzweifelt, dass er mit 50 Jahren freiwillig aus dem Leben schied. Für den angehenden Magister, der seine Arbeit seinen Eltern widmet, wäre das sicher keine Option. Denn er hat sich schon längst entschieden. Für die persönliche Freiheit, die einem jederzeit gestattet Ja zu sagen oder Nein. Und Habeck spricht im Zweifelsfall lieber ein Ja.

Das Jahr 1996 markiert einen Wendepunkt in Habecks Leben. Er ist jetzt 26 Jahre alt. Er hat den Magister in der Tasche sowie die Aussicht auf ein Stipendium für seine Dissertation. Und er wird Vater. Freilich nicht, ohne zuvor – ganz bürgerlich – geheiratet zu haben. Habecks Eltern sind über den Umstand, dass ihr Sohn eine Familie gründet, bevor er seinen Doktor gemacht hat, alles andere als begeistert.[40] Schließlich hatte ihr Ältester einmal den Plan, Professor zu werden. Doch ist eine akademische Karriere wirklich das, was Robert Habeck anstrebt? Er, der den Austausch liebt und den die Neugier treibt, hat mittlerweile andere Vorstellungen vom Leben. Spätestens als Hildegard und Hermann Habeck ihr erstes Enkelkind, das ihren Familiennamen tragen wird, in den Armen halten, sind alle Vorhaltungen vergessen. Und Andrea Paluchs

Mutter? Die ist »einfach froh«,[41] dass die Tochter endlich einen Abschluss in der Tasche hat.

Doch mit dem Nachwuchs wird die Studentenbude zu klein. Der Wohnungsmarkt in Hamburg ist schon in der zweiten Hälfte der Neunzigerjahre wie leergefegt. Bezahlbare Mieten sind ein Ausnahmefall. Weil Paluch und Habeck jetzt mehr als zwei sind, tauschen sie ihre bescheidene Bleibe in der Elbmetropole gegen eine größere Wohnung im nicht allzu fernen Lüneburg. Das erinnert mit seinen pittoresken Fachwerkhäusern, den vielen kleinen Läden, Bars und Cafés ein wenig an Freiburg, verfügt aber über drei entscheidende Vorteile. Das Städtchen liegt an der Ilmenau, bis ans Wasser ist es also nicht weit, auch wenn es sich hier um ein vergleichsweise schmales Flüsschen handelt. Es liegt, zumindest gefühlt, im Norden. Und das Promotionsstipendium der Universität Hamburg gibt den beiden ein wenig Spielraum. Zusammen mit dem Kindergeld, zwei Jahren Erziehungsgeld und Honoraren für erste gemeinsame Übersetzungen englischsprachiger Lyrik hält sich die junge Familie über Wasser. Obwohl das Baby noch ungewohnte Anforderungen an die jungen Eltern stellt und sie nebenbei noch an ihren Doktorarbeiten schreiben, gelingen ihnen deutsche Übersetzungen etwa von Roger McGough (*Tigerträume*, 1997), Ted Hughes (*Birthday Letters*, 1998), William Butler Yeats (*Ein Morgen grünes Gras*, 2000) offenbar so herausragend, dass die Stadt Hamburg ihnen zum krönenden Abschluss des Jahres 1996 den Kulturpreis für literarische Übersetzungen verlieh.[42]

Neben den Übersetzungen und der eigenen Dissertation schreibt die junge Mutter für die Buchreihe *Faktor Fünf* des Schulbuchverlages Klett. Es sind kleine, schmale Bände, die mit ihrer überschaubaren Textmenge und so kurzen wie einfachen Sätzen auch für Schülerinnen und Schüler geeignet sind, denen das Lernen nicht ganz leichtfällt. Darunter sind Titel wie *Der andere Kör-*

per (1995), *Megaherz* (1997) und *Getrennt ganz nah* (1998).[43] Später wird auch ihr Mann die Jugendromane *100 m frei* (2002), *Todeshang* (2004) und *Das Lager* (2005) zu der Reihe beisteuern.[44] Parallel schreibt Habeck für das Radio Features und Kindergeschichten.

Als 1999 Zwillinge zur Welt kommen, ist das Studentenleben längst vergessen. Die tiefen Augenringe rühren jetzt nicht mehr von langen Nächten im Theater und auf Partys her, sondern von kurzen Schlafphasen, weil die nun prall gefüllten Tage der Fürsorge für drei kleine Söhne gewidmet sind. Der Älteste ist nun drei und in der Kita. Und Habeck wird klar, dass das Vatersein nicht nur eine magische Formel ist und ein Staunen über das Wunder der Entstehung von Leben bedeutet, sondern auch die handfeste Überlegung, wie er seine fünfköpfige Familie ernähren soll.[45]

In einer bis ins Detail emanzipierten Beziehung wie der zwischen Andrea Paluch und Robert Habeck wird auch diese Aufgabe zu einer gemeinsamen. Das Paar teilt sich nicht nur gerecht den Haushalt und das Kümmern um die Kinder. Sie teilen sich auch die Verantwortung für die finanzielle Absicherung ihrer Familie. Sie werden ihre literarische Produktivität erhöhen. Und zwar gemeinsam.

Während der Älteste den Kindergarten besucht, fährt Habeck die noch in Windeln liegenden Zwillinge spazieren, um seiner Frau kurze Phasen der Erholung zu gönnen. Die Zwillingskarre vor sich herschiebend durchquert er gelegentlich den Wald. Doch wenn er sich der Elbfurt der Wölfe bei Lüchow-Dannenberg nähert,[46] fühlt er sich unbehaglich. Naturschützer freuen sich über die Rückkehr der scheuen Urahnen der Haushunde. Schafhalter, Jäger und besorgte Eltern dagegen fürchten den großen, grauen Räuber. Und Habeck ist fasziniert von dem Freiheitsdrang und der ungebändigten Majestät des noch seltenen Tieres.

Der persönliche Widerstreit zwischen Erschauern vor dem mythisch besetzten Bösen und der Bewunderung für die schützenswerte Kreatur liefert ihm und seiner Frau den Stoff für ihr erstes Jugendbuch *Jagd auf den Wolf*, das sie in weiteren Varianten von Zeit zu Zeit neu erzählen werden.[47]

Mit dem Zusammen-Schreiben fällen sie bewusst die Entscheidung, Familie und Beruf nicht voneinander zu trennen. Dieser Vorsatz markiert die Geburt des Autorenduos Paluch-Habeck, das von der gemeinsamen Leidenschaft für Sprache schon bald so anständig leben kann, dass es die Angebote renommierter Verlage, sich als Lektoren anstellen zu lassen, ausschlägt.[48]

Doch es ist nur eine scheinbare Symbiose. Zu eigenständig sind die Charaktere der beiden. Sie werden stundenlang diskutieren, miteinander ringen, darum streiten, wer von ihnen die gescheiteren Einfälle hat. Mal ist die eine klüger, meistens der andere nachgiebiger. Unterm Strich hat sich ein intellektuelles Traumpaar gefunden, das sich gegenseitig inspiriert.

Es wird hyggelig

Im Jahr 2000 beendet der dreifache Vater seine akademische Ausbildung, er darf sich jetzt Doktor der Philosophie nennen. Seine Dissertation trägt den Titel *Die Natur der Literatur: Zur gattungstheoretischen Begründung literarischer Ästhetizität* am Beispiel von Hölderlins *Brod und Wein* und Celans *Gespräch im Gebirg*. Mit dem akademischen Abschluss in der Tasche geht es jetzt an die Arbeit für den ersten gemeinsamen Roman mit seiner Frau: *Hauke Haiens Tod*. Als Heimatthriller konzipiert ist das Buch so etwas wie eine moderne Fortschreibung der bekannten Erzählung *Der Schimmelreiter*. In der auf einer Gespenstersage basierenden Novelle hatte Theodor Storm 110 Jahre zuvor den Aufstieg des Knechts Hauke Haien zum Deichgrafen an der schleswig-holsteinischen Nordseeküste beschrieben. Darin will Haien, der die Dämme titelgebend auf einem Schimmel erkundet, zum Schutz der Dorfbevölkerung vor den verheerenden Sturmfluten einen neuen Deich errichten, sieht sich jedoch Anfeindungen und Misstrauen ausgesetzt. Die Erzählung endet mit dem tragischen Tod von Haiens Frau, der behinderten Tochter und seiner selbst.

Die Ereignisse dieser Nacht, die so manche Frage offenlässt, greifen Paluch und Habeck auf und wollen ihr Werk in aller Ruhe und Beschaulichkeit vollenden. Dazu wird den jungen Eltern ein Arbeitsstipendium des Brecht-Hauses in Svendborg auf der Insel Fünen bewilligt. Vier Monate lang dürfen sie dort leben und schreiben. Frei von finanziellen Sorgen. Und sie können wieder Zeit in dem Land verbringen, mit dem sie heitere, unbeschwerte Erinnerungen verknüpfen und in dem es so herrlich hyggelig zugeht.

Das weißgetünchte Fachwerkhaus liegt idyllisch am Skovsbostrand. Durch die sich unter dem Reetdach duckenden Fenster fällt das Herbstlicht in die beiden Schlafzimmer, in die Küche, das Wohnzimmer und auf den Platz, an dem schon Bertolt Brecht gearbeitet hat. An diesen Ort hatten sich Bertolt Brecht und Helene Weigel mit ihrer Familie vor dem Nazi-Regime geflüchtet. Im dänischen Exil waren unter anderem einige seiner bedeutendsten Bühnenstücke entstanden, wie *Mutter Courage* und das *Leben des Galilei*. Hier durften sie sich sicher fühlen. Bis zum drohenden Einmarsch der deutschen Truppen 1940.

Doch Paluch und Habeck leben in friedlichen Zeiten. Und sie genießen die ländliche Idylle, die Abgeschiedenheit. Vor dem Haus ein weitläufiger Garten, in dem die Kinder um einen knorrigen Birnbaum krabbeln und unter dem Schatten einer mächtigen Kastanie herumtoben. Ein paar Meter weiter gleißt der Sund, der Fünen von Langeland trennt. An seinem Ufer dümpeln Boote an den Mini-Stegen. Ein Ort, wie gemacht für die Vollendung ihres ersten großen Wurfs als Autoren-Duo. Das gelingt ihnen so überzeugend, dass das unverlangt eingesandte Romanmanuskript im Fischer-Verlag veröffentlicht und mittlerweile drei Mal neu aufgelegt wurde.

Sie wären gern in Svendborg geblieben. Aber die Zeit ist abgelaufen. Wenn sie schon nicht in Dänemark bleiben können, dann vielleicht in der Nähe? Jedenfalls irgendwo im Norden. Denn fernab dem Ort seiner Kindheit hatte Habeck in Freiburg erkannt, dass er im Herzen doch ein Norddeutscher ist. Dass ihm das Meer und der Wind fehlen. Vielleicht sogar der Gegenwind, der in Schleswig-Holstein oft kräftiger bläst und von dem mancher behauptet, er forme den Charakter.

Der Zufall verschlägt sie nach Großenwiehe, zentral in der schleswigschen Geest und nahe der Hafenstadt Flensburg gelegen. Ein Landstrich, der jahrhundertelang durch Konflikte zwischen Dänen und Deutschen geprägt war und sich aufgrund der miteinander verwobenen dänischen und deutschen Geschichte bis heute eine Besonderheit erhalten hat. Dies- und jenseits der Grenze leben Minderheiten, die ihr nationales Bekenntnis zum jeweils anderen Staat unter anderem mit Sprache, Bräuchen, eigenen Schulen und Kindergärten oder auch Flaggen zum Ausdruck bringen – auf dänischer Seite die Deutschen, auf deutscher Seite die Dänen. Ein Umstand, der den beiden Kulturen des Grenzlands jeweils Toleranz abfordert, und zugleich ein Beispiel dafür ist, wie es gelingen kann, in Frieden zu leben, wenn man dem anderen seine Identität lässt.

Gleichwohl wird Habeck mit dem einst als liberal und entspannt empfundenen Dänemark aufgrund des deutlicher zu Tage tretenden Nationalismus seit dem Flüchtlingsherbst 2015 und der daraus resultierenden Abschottungspolitik zunehmend fremdeln.[49]

Mit den Buchhonoraren kann sich die Familie in Großenwiehe ihr Haus im Grünen kaufen. Der hübschen Kleinstadt ist es gelungen, die Infrastruktur zu erhalten und sogar auszubauen: eine dänische und deutsche Schule, ein dänischer und deutscher Kindergarten, ein Supermarkt mit Postagentur. Sogar ein Gasthof, eine Bäckerei, ein Ärztezentrum und viele weitere dörfliche Gewerbebetriebe können sich im Flensburger Speckgürtel behaupten. Mit dieser Nahversorgung ist es der perfekte Platz für die junge Familie. Und der richtige Ort, um die schriftstellerische Zusammenarbeit weiter zu perfektionieren.

Noch während sie das Haus um- und ausbauen, kündigt sich weiterer Nachwuchs an, der im Juni 2002 geboren wird. Vier kleine und ein großer Junge nebst dem »Mädchen« aus Hannover bevölkern jetzt ihre Welt. Das Paar lernt Dänisch, weil ihr Ältester und die Zwillinge erst den dänischen Kindergarten, später die dänische Schule besuchen. Es teilt sich weiterhin alles, so wie sie es einmal verabredet hatten: die Kinder betüdeln, den Garten beackern, kochen, schreiben – immer im Wechsel.[50] Der Zeitplan ist straff und nötigt den beiden Eltern eiserne Disziplin ab. Denn das Geld fällt nun mal nicht vom Himmel, und sie müssen mit jedem Cent rechnen. Da bleibt kaum Zeit für Zerstreuung. Ihre großen Abenteuer finden jetzt in den Köpfen statt und das Philosophieren am Küchentisch. Für große literarische Entwürfe bleibt mit drei, bald vier Kindern, die alle Aufmerksamkeit brauchen, kaum Raum.

Die meisten Geschichten erzählen von Gut und Böse, dem Richtigen und dem Falschen. Wirklich gute Geschichten aber erlauben auf ein paar Buchseiten den Besuch in einer anderen Welt. Sie weiten den Blick über den eigenen Horizont hinaus, hinter dem es mehr Wahrheiten und andere Wirklichkeiten zu entdecken gibt, als die, die wir zu kennen glauben. Es sind Geschichten wie diese, die Paluch und Habeck nun schreiben. Botschaften für morgen. Für Kinder, die schon älter sind als die eigenen Söhne. So entstehen die Jugendbücher *Wolfsspuren* (2005) oder *Bevor du mit dem Teufel tanzt* (2009). Aber auch Romane für Erwachsene wie *Der Schrei der Hyänen* (2004), ein Generationenroman, der sich einhundert Jahre nach dem blutig niedergeschlagenen Herero-Aufstand im damaligen Deutsch-Südwestafrika mit Gewalt, Schuld, Heimat und Ausgrenzung auseinandersetzt. Oder der Liebesroman *Der Tag, an dem ich meinen toten Mann traf*, in dem Wunsch und Wirklichkeit der Protagonistin miteinander verschmelzen.

Bücher im Team zu schreiben, ist eine Herausforderung für Autoren. Paluch und Habeck feilen gemeinsam an Feinheiten, bis nicht mehr auszumachen ist, wer von ihnen eigentlich was beigesteuert hat: der Paluch-Habeck-Ton, den Andrea Paluch selbst als »... nicht eine Summe von uns beiden, sondern eine Potenz von uns beiden«[51] einstuft und der als »einerseits manchmal sehr knapp und präzise und pointiert, andererseits manchmal auch sehr rührend ... wie eine Wanderung auf dem schmalen Grat zum Kitsch, zu Tränen« umschrieben wird.[52] Ein Ton, der offenbar gut ankommt. Nicht nur bei Kindern und Jugendlichen, sondern nun auch bei Erwachsenen.

KAPITEL 2
DIE ZEIT IST REIF

Hauke Haiens Tod hat sich gut verkauft. Robert Habeck hat erreicht, was man sich als junger Mann wünscht: Er hat gesunde Kinder, weiterer Nachwuchs kündigt sich an. Er führt eine Ehe mit einer anregenden, klugen Partnerin, das Paar kann vom Schreiben leben. Das Meer ist jederzeit erreichbar, ein paar Kilometer entfernt kann er die Heimspiele seiner Lieblings-Handballmannschaft, der SG Flensburg-Handewitt, verfolgen. In dem Häuschen im Grünen lässt es sich angenehm leben, sogar für längere Zeit. Alles gut also?

In dieser bürgerlich anmutenden Idylle wird es dem 33-Jährigen rasch langweilig. Bei aller Begeisterung für das Vatersein – das ist dem Mann, der die Auseinandersetzung mit den großen Themen liebt und Lösungen für eine bessere Welt ersinnt, nicht genug. Denn Bücher finden ihr Publikum, sicher. Und wenn es ein gutes ist, fesselt es den Leser. Doch Habeck weiß auch, dass es nur selten lebensverändernde Bücher gibt, deren Aussage dann noch nachhallt, wenn die letzte Seite längst zugeklappt ist.

Um Menschen wirklich zu erreichen, muss man verschiedene Sinneskanäle reizen. Über die visuelle Wahrnehmung, das gesprochene Wort. Die Menschen müssen es fühlen können.

Sein Intellekt ist unterfordert, seine Lust am Denken noch lange nicht erschöpft. Er hat viele Ideen. Und er will sie in eine Welt tragen, die größer ist, als auf 120 Buchseiten passen würde.

Kapitel 2

Mehr als die Summe des Privaten

Die Kinder wachsen zweisprachig auf. Und tragen auch einige der Traditionen des dänischen Nachbarlandes ins Paluch-Habeck-Haus.[1] An Weihnachten, wenn der Baum geschmückt ist, werden dänische Weihnachtslieder gesungen. Sie nehmen sich bei den Händen und tanzen um den Weihnachtsbaum. Sie essen eine *Risengrød*, einen sahnigen Milchreis, in dem traditionell eine Mandel versteckt wird, und feiern mit großen Feuern und guten Freunden den *Sankthansaften*, die Sonnenwende am 23. Juni. Und wenn die Söhne jubeln, weil sie ein Jahr älter geworden sind, weht der *Dannebrog*, die dänische Nationalflagge, aus dem Fenster. Den Eltern, die mit derartigem Patriotismus normalerweise fremdeln, machen mit. Den Kindern zuliebe.

Weil die Familie einen Platz hat, an dem sie – zumindest vorerst – bleiben wird, und Habeck zur Ruhe kommt, denkt er darüber nach, in eine Partei einzutreten. Er will jetzt, wo zu Hause alles seine Ordnung hat, in einem erweiterten Kosmos mitmischen und mitgestalten. Denn um beispielsweise etwas für den Klimaschutz zu tun, reicht es nicht aus, die Kinder mit dem Rad zur Schule zu fahren. Hier im Grenzland könnte er dem Südschleswigschen Wählerverband (SSW) beitreten,[2] der Interessenvertretung der dänischen Minderheit. Politisch hat sich die kleine Regionalpartei mit ihren Ansichten zwischen den Grundsätzen der CDU und der SPD angesiedelt und macht sich für eine dezentrale, bürgernahe Politik stark. Ein Grundgedanke, der Habeck gefällt. Doch das damit verbundene Bekenntnis zum Dänentum ablegen? Nein, das führt nach seiner Ansicht dann doch zu weit.[3] Weil er schon in Freiburg, Hamburg und Lüneburg bei Mitgliederabenden der Grünen gewesen war, denen auch sein jüngerer Bruder nahesteht, besucht er eine ihrer Kreisversammlungen.

Die Grünen Schleswig-Holsteins waren bei ihrer Gründung stark gespalten. 1978 hatte sich im konservativen Norden die gleichfalls konservative, dabei aber am Umweltschutz orientierte Grüne Liste (GLSH) formiert. Zwei Jahre später fasste der tendenziell linke Landesverband der Grünen Fuß, sodass zwei ökologisch ausgerichtete Parteien nebeneinander existierten, die jedoch ohne Einfluss blieben. Dem gemeinschaftlichen Ziel verpflichtet, im Norden eine ökologische Politik umzusetzen, überwanden die Akteure die Strömungskämpfe und die GLSH ging in den Grünen auf. Trotz der vereinten Wählersympathien scheiterten sie bei den folgenden vier Landtagswahlen an der 5-Prozent-Hürde. Erst 1996 gelang ihnen mit 8,1 Prozent Stimmanteil und sechs Abgeordneten der Einzug in den Landtag. Und auf Anhieb auch eine Regierungsbeteiligung in einer Koalition mit der SPD unter Heide Simonis. Rainder Steenblock wurde damals der erste grüne Umweltminister des Landes. Das Amt des Parlamentarischen Geschäftsführers der Grünen-Fraktion übernahm der streitbare, gewerkschaftsnahe Karl-Martin Hentschel. Einer, auf dessen Stuhl später Robert Habeck Platz nehmen wird.

Auf Bundesebene hatte die Partei in der Vergangenheit schon manches erreicht, auch wenn sie nicht auf der Regierungsbank saß. Die Vorkämpfer der Anfangszeit haben in Deutschland eine neue politische Kultur erzwungen, der freiheitliche Gedanke hat sich durchgesetzt. Es gibt mehr Gerechtigkeit für Frauen, und allmählich dämmert es den Menschen, dass der Raubbau an der Natur so nicht weitergehen könne.

Als Robert Habeck im Frühjahr 2002 zu den Nord-Grünen stößt, regiert die Öko- und Friedenspartei auf Bundesebene in einer rot-grünen Koalition unter Bundeskanzler Gerhard Schröder seit dreieinhalb Jahren erstmals mit. Der Grüne Joschka Fischer, der früher in Turnschuhen aufzutreten pflegte, ist Außenminister. Gerade war ein Tabu gebrochen worden. Im Dezember

2001 stimmte der Bundestag einer militärischen Beteiligung am Krieg in Afghanistan zu – auch fast geschlossen die Fraktion der pazifistischen Grünen.

Dieser Sündenfall gegen die grünen Grundüberzeugungen trat eine Austrittswelle los, die bis in den hohen Norden reichen sollte und den Kreisverband Schleswig-Flensburg führungslos machte. Der Vorstand verließ die Partei aus Protest, ausgerechnet ein halbes Jahr vor den Kommunalwahlen. Niemand aus dem versammelten Kreis hat Lust oder traut sich zu, die moralisch am Boden liegenden Mitglieder wiederaufzurichten. Bis auf den Neuen, der neugierig ist, witzig und den müden Haufen mit frischen Ideen aufmischt. Habeck wird noch am selben Abend in die Partei, in der es nicht mehr viel zu verlieren, aber eine Menge zu gewinnen gibt, eintreten und zum Kreisvorsitzenden gewählt.

Plötzlich ein Posten. Damit hat der Schriftsteller nicht gerechnet. Ein Moment, der sich über kurz oder lang in zweifacher Hinsicht als Glücksgriff erweisen wird. Denn für Habeck bietet sich die Chance, aus seiner Privatheit auszubrechen. Und seine Partei dabei gleich mit aus dogmatischer Starre zu befreien.

Wenn Habeck Verantwortung übernimmt, meint er es ernst, sagen die, die ihn seit seiner Jugend kennen. Seine Begeisterung für Veränderung und Aufbruch hatte schon seine Mitschüler mitgerissen. Und bei seinen politischen Ambitionen, die er jetzt an den Tag legt, hat er die volle Unterstützung seiner Frau. Sie weiß, ihr Mann braucht einen »größeren Kampfplatz« als den gemeinsamen Schreibtisch.[4] Er könne sich gut verkaufen, er könne reden, er sei lösungsorientiert, eben ein wahrer Visionär und Diplomat. Und streiten liebe er auch – die perfekten Voraussetzungen für einen Politiker.[5] Vor allem aber spricht Andrea Paluch ihm zu, weil sie Politiker für wichtig hält, die den Job »nicht nur aus eigenem Machtkalkül machen«.[6]

Paluch und Habeck ahnen bei aller Euphorie nicht, dass durch sein politisches Engagement das bisherige, auf Gemeinsamkeit und gleichberechtigter Arbeitsteilung basierende Familienmodell ordentlich ins Wanken geraten wird. Erst recht, als sie im Frühsommer Eltern eines vierten Sohnes werden.[7]

Die kleinteiligen Auseinandersetzungen in dem anfangs noch müden, moralisch am Boden liegenden Kreisverband, das Einarbeiten in verschiedene Sachthemen, das Organisieren von Wahlkampfterminen rauben Habeck immer mehr Zeit. Zeit, die ihm zum Schreiben fehlt. Und damit zum Geldverdienen. Es kommt zu Spannungen.

Aber Habeck will Dinge verändern. Und wenn Andrea Paluch davon überzeugt ist, dass dies einem gelingen könnte, dann ihrem Mann. In dieser Überzeugung löst sich auch ihr Widerstand auf.

Zufall oder Bestimmung?

Um den Himmel zu stürmen, ist Habeck zu bodenständig. Die tiefe Verwurzelung im Alltag liefert dem Teilzeitpolitiker ein sicheres Terrain, auf dem er weiterdenken und seinen Blick in die Zukunft richten kann. Nachdem er sich unter den Parteifreundinnen und Parteifreunden den Ruf erworben hat, sich immer an konkreten Themen und Sachfragen statt an vorgefertigten Positionen zu orientieren, bewirbt Habeck sich 2004 um den Landesvorsitz. Er will die Nord-Grünen, deren Ansehen zuletzt in der Gunst der Mitglieder und Wähler gesunken war, fit machen für den 2005 anstehenden Wahlkampf und zumindest den Verbleib in der rot-grünen Landesregierung sichern. Das wird angesichts der Stimmung auf Bundesebene alles andere als leicht werden. Denn Joschka Fischer hat sich in der Visa-Affäre verstrickt, die Hartz-IV-Mühlen beginnen zu mahlen, und Habeck soll das auf den Wahlkampfständen in der schleswig-holsteinischen Provinz erklären, ohne an diesen Verwicklungen beteiligt gewesen zu sein. Der Blick zurück ändert aber nichts an den Zuständen und macht sie schon gar nicht besser. Also entfacht Habeck einen frischen Rückenwind, der den Blick der Parteifreunde wieder nach vorn richtet. In Richtung Horizont. Dorthin, wo es weitergeht für die Nord-Grünen. Aber: Wie wird man ein Politiker, der den wahren Entscheidern in Kiel gewachsen ist, und doch nicht austauschbar? Was erwarten die Menschen? Was könnte ein einprägsamer Stil sein?

Robert Habeck ist sich seiner Talente durchaus bewusst. Aber er ist keiner, der stur eigenen Überzeugungen folgt. Er ist sich im Klaren, dass rechts und links des Weges Menschen stehen, die mitgenommen werden wollen. Und er vertraut darauf, dass er manche hin und wieder nach dem rechten Weg fragen kann. In vorderster Reihe seine Frau, daneben seine engsten Freunde. Sie wirken durch alle Jahre hindurch wie ein verlässlicher Kompass, an dem er sich immer wieder neu ausrichten kann.

Wie sich auch später noch zeigen wird, ist Robert Habeck kein rednerisches Naturtalent, das wie einst etwa Joschka Fischer Stürme der Begeisterung hervorrufen würde. Aber er kann die Ideen seiner Partei clever erklären. Zudem ist er ein charmanter, unverkrampfter Typ, der mit ungewohnter Lockerheit daherkommt. Anders als zwei Jahre zuvor im Kreisverband gibt es einen Mitbewerber, Lars Schmidt. Gegen den behauptet er sich mit einer kurzen Rede und punktet auf die Frage eines Delegierten,[8] ob er auch einmal Krawatte tragen würde, mit einem Witz, den er in den folgenden Jahren bei verschiedenen Gelegenheiten immer wieder mal zum Besten geben wird. »Was ist der Unterschied zwischen einem Schlips und einem Kuhschwanz? Der Kuhschwanz versteckt das ganze Arschloch.«[9] Habeck trägt keine Krawatte. Und er ist kein Arschloch, wie ihm Freunde und Weggefährten attestieren. Ob er diesen beiden Aussagen im Lauf seines politischen Aufstiegs, der nach seiner erfolgreichen Wahl zum Landesvorsitzenden rasch weiter Fahrt aufnimmt, gerecht werden wird? Denn seither muss Habeck darauf achten, dass er nicht selbst zum Opfer des humorvoll Kolportierten wird.

Doch jetzt werden erst einmal die Ärmel aufgekrempelt. Mit Blick auf die anstehenden Landtagswahlen wartet Arbeit an allen Ecken und Enden.

Eine, die sich an die Aufbruchsstimmung des sich neu formierenden Landesverbands und den damaligen Politikneuling erinnert, ist Marlies Fritzen, die neben Habeck das Landesspitzenduo der Nord-Grünen komplettiert.[10]

»Robert umgab in seiner sympathischen Offenheit ein gewisses Funkeln, das die Leute spontan für ihn einnahm. Und er hatte ganz klare Vorstellungen davon, wie man eine Politik gestaltet, die Menschen begeistert. Das zeigte sich auch darin, dass er neue, jüngere Leute gewinnen konnte, die Lust daran hatten mitzugestalten. Ich selbst fühlte mich inmitten dieser idealistischen, positiv gestimmten und alles andere als stromlinienförmigen Menschen sehr wohl.«

Den ansteckenden Idealismus wird die neue Vorstandsspitze brauchen. Denn das politische Engagement, das schon bald dem Pensum eines Vollzeitpolitikers gleichen wird, ist ein Ehrenamt. Der Aufwand dafür wird anfangs mit nur 625 Euro entschädigt, erst nach einer umstrittenen Parteireform mit 1250 Euro. Und die Zeit bis zu den Wahlen im Februar 2005 wird nicht reichen, um auch die Wähler davon zu überzeugen, dass der frische Wind bis in den Kieler Landtag wehen soll. Dort ist der Ton zunehmend rauer geworden. Der Umgang zwischen der rot-grünen Koalition und der Opposition aus CDU und FDP ist ruppig. Die Parteien schenken sich nichts. Das kommt bei den Schleswig-Holsteinern nicht gut an. Vor allem nicht bei den konservativen, den Grünen teilweise eigentlich wohlgesonnenen Wählern. Das wohl auch, weil die Opposition erfolgreich wetterte, der Naturschutz sei der »größte Negativposten der rot-grünen Landesregierung«.

Der seit dem Jahr 2000 zuständige grüne Minister Klaus Müller – bei Dienstantritt mit seinen 29 Jahren der bundesweit jüngste Landesminister überhaupt – hatte früh klargemacht, welche Schwerpunkte er setzen werde. Sein Ministerium, das sich bisher für »Umwelt, Natur und Forsten« zuständig fühlte, hieß ab 2003 »Ministerium für Umwelt, Naturschutz und Landwirtschaft«. Denn schließlich war er mit dem ehrgeizigen Ziel angetreten, das nördlichste Bundesland durch den Ausbau von Naturschutzflächen und Windkraftanlagen, auch auf dem Meer, zu einer »Modell-Region Europas« zu machen. Zwar hatte Müller sich mit seiner Entschlossenheit und dem Tempo, das er bei der Ausweisung neuer Naturschutzflächen an den Tag legte, die Sympathien der Naturschützer verdient. Doch mit seiner unbeugsamen, manche meinen auch konfrontativen Art, lag er mit den Bauern derart über Kreuz, dass die CDU mit ihrem Spitzenkandidaten, dem bauernfreundlichen Peter Harry Carstensen, ein leichtes Spiel hatte, die Position der Koalition zu schwächen.

Heide Simonis, die das Rumoren in den eigenen Reihen aussaß, hätte gern mit den Grünen weiterregiert. Aber nach einem herben Stimmenverlust bei der Landtagswahl 2005 landet ihre SPD abgeschlagen hinter der CDU. Für die Grünen hätte es schlimmer kommen können, sie halten ihr Ergebnis mit 6,2 Prozent der Stimmen. Wichtiger noch, sie fliegen nicht aus dem Landtag. Aber aus der Regierung. Denn die Hoffnung der Landeschefin, mit Unterstützung des SSW doch noch in der aus ihrer Sicht bewährten Konstellation weitermachen zu können, scheitert bei der Ministerpräsidentenwahl an einem historischen Affront: an einer Gegenstimme aus den eigenen Reihen, die als

»Heide-Mord« in die Geschichte eingehen wird und dem Land einen Regierungswechsel beschert. Peter Harry Carstensen hat seit Uwe Barschels Rücktritt 1987 bei den Landtagswahlen mit 40,2 Prozent das beste Wahlergebnis für die CDU eingefahren. So kommt es zu einer großen Koalition. Und die Grünen landen in der Opposition. Aus der Regierungsverantwortung gefallen zu sein, schmerzt die Parteifreundinnen und -freunde. Es wird eine Weile dauern, aber diese Zäsur wird sich noch als heilend und gewinnbringend erweisen.

Hinterm Horizont geht's weiter

Landesverbände und deren Vorstände haben politisch nicht viel zu melden. Aber sie haben den Puls an der Basis. Und sie können Mehrheiten organisieren.

Nach der geplatzten Simonis-Wahl müssen sich die Nord-Grünen neu aufstellen. Der Landesvorstand, bestehend aus Robert Habeck, Marlies Fritzen, Eka von Kalben, Anke Erdmann, Luise Amtsberg und Konstantin von Notz, will die Partei programmatisch selbstbewusster ausrichten, um den Mitgliedern wieder Frische und Zuversicht einzuhauchen. Möglicherweise lassen sich dafür sogar neue Mitglieder begeistern. »Als Robert zu den Grünen stieß, war unsere Parteikasse durch den Mitgliederschwund praktisch leer, und wir mussten gucken, wie wir über die Runden kommen«, erinnert sich Marlies Fritzen, die heute umweltpolitische Sprecherin der Grünen im Kieler Landtag ist. »Wir lösten unsere starren Strukturen und bauten unter dem Motto »Grüne Horizonte« Workcamps auf, in denen wir über neue Positionen leidenschaftlich stritten und schließlich Kompromisse fanden, die von den meisten Mitgliedern mitgetragen wurden. Natürlich gab es ein paar Leute, die uns frei nach Tucholsky vorwarfen,

›Wer nach allen Seiten offen ist, ist nicht ganz dicht‹. Aber wir spürten, wir sind auf dem richtigen Weg.«[11]

Unter dem Vordenker der neuen, dialogbereiten Linie werden eingefahrene Denkmuster entstaubt, allzu rigide Positionen kommen auf den Prüfstand und werden an der Realisierbarkeit gemessen. Habeck ermuntert die Mitglieder, reine Dogmen in Frage zu stellen und sich stattdessen Themen und Sachfragen zuzuwenden. Die Flügeldiskussionen zwischen Realos und Fundis gehören schon bald der Vergangenheit an. Grüne Politik ist jetzt nicht mehr alternativlos, sondern sie bietet gleich mehrere Optionen. Befreit von derlei Denkverboten atmen die Mitglieder auf.

Mit von Notz, dem Habeck über die Parteiarbeit hinweg in tiefer Freundschaft verbunden ist, wird er die Formel von der »Grünen Eigenständigkeit« prägen.[12] Gemeint ist damit, die CDU herauszufordern und der SPD mit einem Bekenntnis zu sozialer Gerechtigkeit und Fortschritt den Rang abzulaufen. Denn es geht um nichts weniger als die Zukunft – die der Partei, die des Landes. Und auch um seine eigene. Denn mit seinem leidenschaftlichen Engagement für die Politik muss er die Schriftstellerei einstweilen sein lassen. Halbe Sachen sind nicht sein Ding.

Habeck will über die Landesgrenzen hinaus wirken. Er bewirbt sich 2006 als Beisitzer für den Bundesvorstand von Bündnis 90/Die Grünen. Doch er scheitert bei der Wahl auf der Bundesdelegiertenkonferenz, wie der Parteitag der Grünen genannt wird. Und damit sind auch erste Ambitionen, sich auf Bundesebene Gehör zu verschaffen, auf Eis gelegt.

Lag es an seiner Bewerbungsrede? Eine Parteifreundin erinnert sich: »Die grundsätzliche, ja vielleicht sogar philosophische Art, in der Robert seine Ideen vortrug, war eine völlig ungewohnte Ansprache. Speziell für die, die schon lange im grünen Milieu mitmischten. Für sie war es einfach nur verwirrend, was Robert sagte. Und irgendwie haben sie ihn wohl auch nicht ernst genommen.

Sie haben seine eigentliche Botschaft einfach nicht verstanden, dass es höchste Zeit war, die eingelaufenen Pfade zu verlassen.«

Doch Ende Januar 2008 erinnert sich die Spitze der Bundespartei an den ambitionierten Dunkelblonden aus Schleswig-Holstein. Sie suchen für den sechsköpfigen Vorstand händeringend nach einem Nachfolger von Reinhard Bütikofer, der nach Brüssel wechseln will, und wollen Habeck nach Berlin lotsen. Der lehnt ab, der Familie zuliebe, wie er sagt.

Auf die Frage des evangelischen Magazins *chrismon*, was Väter wohl besser können als Mütter, antwortete Robert Habeck einmal »Rasen mähen! Handballtorwart sein! Abseits bei der Sportschau erkennen ...!«[13], und gestand im gleichen Atemzug, gelegentlich selbst in gängige Rollenklischees zu verfallen. Und das ausgerechnet als Angehöriger einer Partei, in der wohl die meisten Mitglieder versuchen, sich von genau diesen Geschlechterzuschreibungen zu lösen, und darum bemüht sind, sprachlich und politisch gerecht zu gendern. Aber Habeck konnte mit Zuschreibungen noch nie etwas anfangen und setzt dem und denen, die ihn auf Überzeugungen festlegen wollen, gern mal das Unerwartete entgegen. Auf dass die Gedankenspiele neu beginnen mögen.

Mit dem Vatersein kennt Robert Habeck sich bestens aus. Er, der sich selbst als Familienmensch bezeichnet und damit den vielleicht prägendsten Aspekt seiner Biografie beschreibt, hat sich intensiv nicht nur mit seiner persönlichen Rolle, sondern gleich der aller Männer als Vater auseinandergesetzt. In seinem 2008 erschienenen Buch *Verwirrte Väter – oder: Wann ist der Mann ein Mann*[14] hinterfragt er, ob sein Lebensmodell für die real existierende Gesellschaft taugt. Und liefert gleich noch ein politisches Konzept mit, nach dem nicht mehr die Arbeit, sondern »die Teilhabe an sozialen Prozessen« über das Gemeinschaftswohl entscheide. Seine Ideen zur Umsetzung reichen von einem Grundeinkommen, über eine flexiblere Arbeitszeitpolitik, die es beiden Elternteilen ermöglicht, gleichberechtigt Familie und Job unter einen Hut zu bringen, bis hin zu einer Umwandlung des Solidaritätszuschlags in einen »Bildungssoli«. Weil er weiß, dass das sorgsam gehütete Teilungsmodell in Bezug auf Verantwortung und Arbeit für das gemeinsame Unternehmen Familie essentielle Grundlage ist, kann es niemanden überraschen, als der hingebungsvolle Familienmensch seinen Parteifreunden in Berlin eine Absage erteilt.

Das Gemeinsame mit Andrea Paluch ist bereits jetzt empfindlich geschrumpft. Während er mit Hochdruck und Begeisterung Pläne für die Zukunft seiner Landespartei schmiedet, vergisst er gelegentlich und zunehmend häufiger die getroffenen Verabredungen über die Arbeitsteilung, die auch weiterhin gelten soll. Die beiden Jahre 2007/08 wird Habeck später als die – vorläufig – schwierigste Phase seiner Partnerschaft bezeichnen.[15]

Es ist Cem Özdemir, der nun auf den für Habeck reservierten Berliner Sessel rückt. Doch dass er sich nach vorn gespielt hat mit seinen Ideen, spornt ihn nur noch mehr an. Er ist gewillt, einen Unterschied zu machen. Zunächst in seinem Land.

Die Nord-Grünen bekommen Zulauf durch neue Mitglieder. Es riecht nach Aufbruch. Und die grüne Nordspitze genießt den Widerhall des Echos, das das aufgefrischte Programm hervorruft. Grüne Politik, die nicht starr auf Dogmen beharrt, sondern die Bereitschaft zu Kompromissen zeigt – Habeck weiß, dass dies die einzige Chance ist. Denn die Gesellschaft hat sich verändert, sie lässt sich nicht mehr per Dekret bevormunden. Und gerade die Schleswig-Holsteiner sind des ewigen Streitens im Landtag müde. Jeder weiß, der Zusammenhalt einer Gesellschaft basiert auf Zugeständnissen, im Privaten wie auch in der Politik. Habeck weiß, ohne die Fähigkeit zum Kompromiss schrumpft die Chance auf eine mögliche Regierungsbeteiligung. Und damit die Wahrscheinlichkeit, seine Idee von einem gerechten Land umzusetzen, das der Natur Raum lässt und den Menschen ihre Freiheit.

Während die Grünen den gemeinsamen Aufbruch feiern, steht die große Koalition unter keinem guten Stern. Im Landtag streiten sich die Fraktionen um Schülerbeförderungskosten, Kitagebühren und Gemeinschaftsschulen, um eine Reform der Verwaltungsstrukturen und die Schulden des Landes, die sich zu einem kaum zu bezwingenden Berg aufgetürmt haben: 23 Milliarden Euro. Es wird um einen gemeinsamen Sparkurs gerungen. Ohne Erfolg. Als die CDU unter Peter Harry Carstensen dann auch noch dem Chef der angeschlagenen HSH-Nordbank, Dirk Nonnenmacher, einen Bonus in Millionenhöhe zugesteht, schäumt die SPD, allen voran Ralf Stegner. Befeuert wird die Auseinandersetzung noch durch die innige Abneigung, die die beiden Kontrahenten verbindet.

Carstensen gibt sich stets als der leutselige und vergnügte Landesvater, der Streitereien tunlichst aus dem Weg geht. Seine Gegner dagegen erkennen nur, dass der gebürtige Nordfriese lieber Volksfeste feiert, statt das zu tun, was doch eigentlich seine Aufgabe wäre: am Schreibtisch Akten zu studieren und sachkundige Entscheidungen zu treffen. Stegner dagegen, der Anfang 2008 von seinem Amt als Innenminister zurückgetreten war, um Spitzenkandidat der SPD bei der kommenden Landtagswahl zu werden, tritt als kühl kalkulierender Karrierist auf, dessen scharfe Zunge ebenso gefürchtet ist wie sein aufbrausendes Temperament, was ihm selbst in der eigenen Partei nicht nur Freunde beschert. Die beiden sind wie Feuer und Wasser. Im Juli 2009 glaubt Carstensen, sich gegen die gezielt vor den Bug gesetzten Anwürfe seines Koalitionspartners wider Willen nicht anders erwehren zu können, als die Vertrauensfrage zu stellen und so Neuwahlen zu erzwingen. Der Landtag löst sich auf. Über eine Neubesetzung sollen die Wählerinnen und Wähler im September entscheiden.

Für Carstensen, der sich sicher fühlt, ist eines klar: Mit Ralf Stegner wird er nie wieder an einem Kabinettstisch sitzen. Lieber tut er sich mit dem ebenso eitlen wie eigensinnigen Wolfgang Kubicki von der FDP zusammen, dem es nach eigenem Bekunden schnurz ist, wer unter ihm Ministerpräsident sei.

Während sich auf Verbandsebene mit dem jungen Team ein Erneuerungsprozess durchgesetzt hat, sitzen im Landtag für die Grünen noch immer die Altvorderen, die einmal vorhatten, die Welt zu retten. Und für dieses Ziel auch stritten. Viele von ihnen befinden sich noch immer im Kampfmodus der frühen Jahre. Zu denen gehört auch Karl-Martin Hentschel, ein früh bewegter Atomkraftgegner und seit 1981 Parteimitglied der Grünen. Er war dabei, als sie 1996 mit 8,1 Prozent der Wählerstimmen in den Kieler Landtag einzogen. Als Abgeordneter entwickelte er mit brennendem Fleiß und ausdauernder Energie Konzepte für die Wirtschafts- und Bildungspolitik. Die Parteifreunde beförderten ihn im Jahr 2000 in der rot-grünen Koalition unter Heide Simonis zum Fraktionschef. Ein Posten, den er ebenso lautstark wie diszipliniert und kämpferisch, beinahe soldatisch, ausfüllte. Auch als die Grünen nach dem politischen Verrat an Heide Simonis wieder auf der Oppositionsbank Platz nehmen mussten. Und weil sich bei den Umfragen nichts bewegt, fragt sich die Parteibasis, ob da im Landtag überhaupt noch die richtigen Köpfe sitzen.

Was tun, wenn man die Welt aus den Angeln heben und wenn schon nicht neu erfinden, dann doch zumindest neu ordnen möchte? Eine Revolution anzetteln? Die würde nur weiteres Chaos hervorrufen. Besser: am alten System feilen. Doch auch bei solch vorsichtigen Operationen kann man Menschen an ihren empfindlichsten Stellen treffen.

Robert Habeck, Konstantin von Notz und die anderen Jungen im Parteirat wollen Land gewinnen, wenn im September 2009 der nächste Landtag gewählt wird. Jetzt geht es um die Kandidatenaufstellung. Bei den Grünen wird der erste Listenplatz traditionell von einer Frau besetzt und ist in diesem Fall für die parlamentarische Geschäftsführerin Monika Heinold reserviert. Platz zwei und drei haben sich die nachrückenden Landesvorsitzenden Robert Habeck und Marlies Fritzen gesichert. Für Platz vier bewirbt sich der altgediente Hentschel. Als ihm dieser aufgrund eines Patts auch im dritten Wahlgang versagt bleibt, verzichtet er auf eine weitere Nominierung. Der Hitzkopf ist kaltgestellt, nachdem er sich fast zehn Jahre lang für die Grünen aufgerieben hat. Einige Parteifreunde sind überzeugt, der zwanzig Jahre jüngere Habeck habe bei Hentschels Demontage im Hintergrund die Strippen gezogen.

Zehn Jahre später, im Sommer 2019, sitzt der hochgewachsene schlanke Hentschel an seinem Gartenteich in Alt-Heikendorf. Den Seerosenteppich hat der Hagel vor einer Woche zerstört, die Einschläge waren hart. Hat es Hentschel damals, als angeblich an seinem Stuhl gesägt wurde, ähnlich hart getroffen?

Hentschel, der sich seit seinem Rückzug aus der Landespolitik in Nicht-Regierungsorganisationen wie dem Verein »Mehr Demokratie« und als Gründungsmitglied des Netzwerks Attac unter anderem für die Regulierung der Banken sowie eine angemessene Besteuerung von Finanzmärkten und Konzernen engagiert, gibt sich altersmilde. »Viele haben immer wieder mal an meinem Stuhl gesägt. Denn 14 Jahre lang habe ich großen Einfluss in dieser Partei gehabt, aber oft meine Position nur durch Kampfabstimmungen mit 51:49 behaupten können. Es gab sicher viele, die mich unlocker und hölzern und meinen Stil zu konfrontativ fanden. Als Robert mir 2007 auf einer Konferenz in Neumünster in einem persönlichen Gespräch ankündigte, dass er gegen mich kandidieren werde, war das schon ein harter Schlag. Anderseits war es eine faire Ansage.«

Heute spricht Hentschel mit Hochachtung und Respekt von Robert Habeck. Der sei klug und bei allem Durchsetzungswillen eine ehrliche Haut mit einem echten Anliegen, das nicht von Eigeninteressen geleitet werde. Im Übrigen habe er von seinem einstigen Konkurrenten eine Menge gelernt: »Man kann in dem, was man erreichen möchte, eine gewisse Zurückhaltung zeigen und darauf achten, dass man ein Konzert hinkriegt. Debatten erzeugen statt Widerstände zu produzieren. Denn nur so kann sich etwas bewegen. Robert beherrscht diese Kunst. Doch er redet nicht nur viel, er achtet vor allem darauf, dass diesem Diskurs auch Taten folgen.« Mit dieser Mixtur aus Wertschätzung und Staunen wird noch mancher über Habeck sprechen, den er auf seinem Weg nach oben überholt.

Das Private wird politisch

Als am 27. September 2009 das vorläufige amtliche Endergebnis der schleswig-holsteinischen Landtagswahl bekannt wird, will der Jubel bei den Nord-Grünen überhaupt nicht enden. Sie haben sagenhafte 12,4 Prozent erreicht. Der Funke hat offenbar nicht nur an der Parteibasis, sondern auch bei den Wählern gezündet. Die ganze Arbeit, der zeit- und kraftraubende Wahlkampf haben sich tatsächlich gelohnt. Zu verdanken ist das Ergebnis nicht zuletzt dem Spitzen-Duo, das aus Monika Heinold und Robert Habeck besteht. Und den engen Vertrauten, die die beiden unterstützt haben. Mit der zeitgleich stattfindenden Bundestagswahl ziehen Luise Amtsberg und Konstantin von Notz in den Bundestag ein. Dort wird von Notz das Thema Netzpolitik besetzen. Denn in der Parteienlandschaft wächst ein Phänomen heran, das die grünen Visionäre über kurz oder lang Stimmen kosten könnte. Die Piratenpartei, die sich selbst als eine sozialliberale

Bürgerrechtspartei bezeichnet. In ihrem unkonventionellen Auftreten ähneln die Piraten den frühen Grünen, die wiederum bereits einen optischen Assimilationsprozess durchlaufen haben. Wer könnte besser geeignet sein, neben den politischen Neulingen eigene Akzente zu setzen, als der nüchtern und seriös auftretende von Notz? Wann immer eine mediale Einschätzung etwa zum Thema Datensicherheit gefordert ist, wird er sich erfolgreich ins Spiel bringen. Und offenbar macht er seinen Job in Berlin so gut, dass Habecks Freund und Weggefährte mit Beginn der neuen Legislaturperiode 2013 stellvertretender Vorsitzender der Bundestagsfraktion wird.[16] Und so zu Habecks Bindeglied zur Bundesführung.

Die Regierungsbildung in Schleswig-Holstein nach dieser Wahl ist heikel und anfechtbar. Zwar haben SPD, Grüne, Linkspartei und SSW bei der Wahl zusammengenommen die meisten Wählerstimmen auf sich vereinigt, doch aufgrund der Besonderheiten des schleswig-holsteinischen Wahlrechts kommen CDU und FDP durch eine rechtlich umstrittene Verteilung von Überhang- und Ausgleichsmandaten an die Macht und können mit der knappen Mehrheit von einer Stimme die Regierungsgeschäfte aufnehmen.[17]

Doch das Land kommt nicht zur Ruhe. Die geschlagenen Parteien wollen sich mit dem Ergebnis nicht zufriedengeben. Grüne, Linke und SSW klagen vor dem Verfassungsgericht. Die obersten Richter des Landes stufen 2010 das angewendete Wahlgesetz als verfassungswidrig ein, fordern binnen eines halben Jahres eine entsprechende Änderung ein und setzen eine erneute Landtagswahl bis spätestens 30. September 2012 an.

Habeck als Oppositionsführer im Landtag muss sich unterdessen in die verschiedensten Themen einarbeiten – von der Schuldenbremse über Vorratsdatenspeicherung bis zu Außenhandelsbeziehungen.[18] Er hat jetzt den Einfluss, den er angestrebt hat, und will etwas daraus machen. Informationen einholen, Verbindungen und Bezüge herstellen, das kennt er aus der Schriftstellerei. Jetzt aber geht es um weit mehr, als nur um die Zustimmung seiner Frau. Er muss dafür sorgen, dass die grünen Ausschussmitglieder den von ihm vorgegebenen Kurs mittragen. Nicht allen fällt das leicht, so mancher wird mit den Zähnen knirschen, um schließlich doch Geschlossenheit zu demonstrieren.[19]

Während ihr Mann in Kiel den Umbau seiner Partei weiter vorantreibt, verbringt Andrea Paluch die meiste Zeit allein in Großenwiehe. Oder im nahen Flensburg. Langeweile? Fehlanzeige. Bei aller Gemeinsamkeit, die das Paar antreibt, hat sich jeder seine Eigenständigkeit bewahrt. Und eigene Interessen. Andrea Paluch ist eine selbstbewusste, lebhafte und intelligente Frau, die nicht nur mit ihrem Mann, sondern auch mit Journalisten um die Wahl der treffenden Ausdrücke ringt.[20] Manche Stimmen behaupten, sie sei der noch klügere Kopf.

Sie übersetzt weiterhin Bücher, nun aber immer häufiger allein. Neuen Stoff für Romane und Erzählungen zu finden, ist nicht einfach ohne den Mann, mit dem sie lange nahezu alle Dinge des Alltags geteilt hat.[21] Sie arbeitet als Solo-Autorin und teilt ihren Blick auf die kleine und große Welt in Kolumnen unter dem Titel »Nichts ist alltäglich« mit den Lesern des Schleswig-Holsteinischen Zeitungsverlags. Nebenbei will sie anderen zum Schreiben von Romanen und Erzählungen verhelfen, indem sie *creative writing* unterrichtet.

Und sie hat sich neben Kindern, Küche und dem Schreiben eigene Felder gesucht, auf denen sie sich ausprobieren will. Musik machen zum Beispiel, so wie früher schon. Sie meldet sich auf ein Inserat im Flensburger Szene-Magazin *partout* und bekommt Kontakt zu Mario Rohrbach und dem Flensburger Musiker-Stammtisch, eine Plattform, die auch Konzerte vermittelt.[22] Sie ist jetzt Mitglied einer Rockband, die sich d.jam nennt – der Name ist zusammengesetzt aus den Anfangsbuchstaben der Bandmitglieder Darryl, Jochen, Andrea und Mario. Paluch schreibt die meisten Texte zur handgemachten Musik. Und sie singt, was ihr im Gegensatz zu ihrem Mann ansehnlich gelingt, wie bei den gelegentlichen Auftritten auf Festivals oder Veranstaltungen der Grünen zu hören ist.[23]

Zuhause sein und doch weit weg

Die Zeit, in der sie mit ihrem Mann Jugendbücher schrieb, scheint sich so schleichend verabschiedet zu haben wie der Sommer Ende August. Jetzt erscheinen weitere Abenteuer und Romane, aber die richten sich zunehmend an eine erwachsene Leserschaft. Etwa eine Parabel über Macht und Ideale als Schauspiel *1918 – Revolution in Kiel*[24] über den Matrosenaufstand in der schleswig-holsteinischen Landeshauptstadt, der den Untergang des wilhelminischen Kaiserreichs besiegeln und das demokratische Zeitalter in Deutschland einleiten sollte.

Die letzten neun Jahre in Großenwiehe waren gute Jahre, abgesehen von den kleinen und größeren Nervereien, die den familiären Strukturwandel begleitet haben. Aber jetzt drängt Andrea Paluch zum Umzug in die Stadt.[25] Die Zwillinge stehen kurz vor der Pubertät, der Erstgeborene ist schon mittendrin. Sie hat keinen Bock mehr auf den Shuttleservice für ihre vier Söhne, die jetzt zwischen 8 und 14 Jahren alt sind und zeitintensive Hobbys wie Handball haben. Bis zu dreimal täglich fährt sie die Jungs zwischen Großenwiehe und Flensburg hin und her, oft bis spätabends. Und der Gatte? Der sitzt in der Landeshauptstadt. Lust, ihn als Politikergattin dorthin zu begleiten, hat sie nicht. Im Übrigen hält sie die Empfänge auf politischer Bühne für Geldverschwendung.[26] »Wenn wir alle glücklich bleiben wollen, müssen wir unbedingt umziehen, damit jeder sein Ding machen kann«, beschließt sie also. Und ihre Männer nicken.

Wenn jeder sein Ding macht, können dann nicht die einmal gemeinsam beschrittenen Wege schnell wieder auseinanderführen? Immerhin haben sie in einem Interview mit dem Deutschlandfunk festgestellt: »Dass wir ein Paar geblieben sind, ist eng mit der Literatur verflochten.«[27]

Was geschieht, wenn sich diese Verflechtungen nun auflösen?

Sie finden ein Haus im Flensburger Villenviertel, am Ende einer kleinen Stichstraße. Es ist renovierungsbedürftig, aber geräumig. Dahinter ein großer Garten zum Bolzen. Die dänischen Schulen sind nicht weit entfernt. An den Ostseestrand gelangt man auf dem Fahrrad in einer Viertelstunde, auch die A7 nach Kiel ist schnell erreichbar.

Für den Jüngsten, bedeutet der Umzug in die knapp 90.000 Einwohner zählende Stadt den Abschied aus der südschleswigschen Idylle.[28] Dort sprach man sich, ob man sich kannte oder nicht, mit dem typisch dänischen »Du« an. Doch nun halten seine Eltern ihn an, Erwachsene mit »Sie« anzusprechen, eine förmliche Anrede, die Königin Margrethe II. vorbehalten ist. Und so wird der Lütte anfangs glauben, von lauter Königen und Königinnen umgeben zu sein, wie er in einem Aufsatz für den dänischen Schulverein beschreibt.

Für seinen durch und durch demokratischen Vater Robert Habeck ist der Weg nach Kiel nun etwas kürzer. Und die Kindheit und Jugend in Heikendorf ist gefühlt schon weit weg. Er wird jetzt Flensburg als seine neue Heimatstadt bezeichnen.

Heimat und Vaterland – mit diesen beiden Begriffen haben die Grünen immer gefremdelt, sie klangen zu sehr nach Blut und Boden, nach Zeiten, in denen das zutiefst menschliche Bedürfnis nach Wurzeln und Identität in Ausgrenzung und Nationalismus ausartete. Ein anderes Reizwort für die Ökopartei: Patriotismus. Genau damit will Habeck sich auseinandersetzen. Eigene Standpunkte überprüfen. Und seine Auffassung davon darlegen, wie der Wille nach gesellschaftspolitischer Veränderung unter den Leitgedanken von Freiheit und Gerechtigkeit zu einem wahrhaft linken Patriotismus werden könne, der die Integration der Gesellschaft organisiert, statt andere auszugrenzen, wie es der rechte Nationalismus versucht. Pünktlich zu seiner Sommerreise 2010, für die er lauter geschichtsträchtige Orte ausgewählt hat, an denen er nach Spuren für die demokratische Tradition des Landes sucht, erscheint sein erstes Sachbuch: *Patriotismus – Ein linkes Plädoyer.*[29] Darin fordert er die politische Linke auf, diesen Begriff nicht eifernden Nationalisten zu überlassen. Es müsse eine Verbundenheit geben, die über Deutschlands Grenzen hinausreicht. Denn ein Nationalstaat sei angesichts der Globalisierung keine Lösung für heutige Probleme. Es müsse ein umfassender politischer Entwurf her, der in alle Systeme der Republik reiche – vom Bildungswesen, über das Steuer- bis hin zum Wirtschaftssystem. Es ist ein Plädoyer für eine offene Gesellschaft, die Migranten konstruktiv einbindet, statt sie nur zu dulden. Eine politische Leitidee, die Menschen dafür begeistern kann, dass Veränderungen zu mehr Gerechtigkeit im internationalen Kontext – und nicht nur in Deutschland – erstrebenswert sind.

Habeck spielt mit interessanten Gedanken für eine gerechtere Gesellschaft. Doch ausgerechnet ein schnoddrig formulierter Satz wird in den sozialen Medien zitiert: »Vaterlandsliebe fand ich stets zum Kotzen. Ich wusste mit Deutschland nichts anzufangen und weiß es bis heute nicht.«[30] Das geht nicht nur nationalistisch gesinnten Gemütern, die Patriotismus mit Vaterlandsliebe assoziieren, gegen den Strich. Habeck zieht sich den Zorn der Ultrarechten zu, die diesen Satz, wann immer es gerade passt, auch Jahre später noch kolportieren, wie etwa die einstige DDR-Bürgerrechtlerin Vera Lengsfeld, die deutliche Sympathien für den rechten Rand des politischen Spektrums hegt und Robert Habeck als »fundamentalistischen Antideutschen« betitelt.[31]

Mit dem Patriotismus-Plädoyer erhebt der Norddeutsche seine Stimme weit über die Landesgrenzen hinaus. Seine liberalen, auf Kompromisse zielenden Denkmodelle sind eine klare Ansage an jene in seiner eigenen Partei, die es sich im Opponieren gegen den Staat bequem gemacht haben. Und sie kommen einer Bewerbung um höhere Ämter gleich. Nun werden auch die Feuilletons auf den Schriftsteller aufmerksam, der in die Politik gegangen ist, um das grüne Feuer wieder zu entfachen, das nach dem Aus der rot-grünen Koalition in Berlin im besten Fall auf Sparflamme weiterglimmt.

Seit Robert Habeck die wortstarke Grünen-Hoffnung ist, reißen sich Hörfunk, Zeitungen und Magazine um Interviews mit ihm und Andrea Paluch, die ihre Fans auf der gemeinsamen Website www.paluch-habeck.de[32] auf dem Laufenden halten. Locker, authentisch und humorvoll berichtet das Paar über seine Familie, seine partnerschaftliche Beziehung und sein noch immer ungewöhnliches Familienmodell. In den geistreichen Schlagabtauschen, die sie sich dabei liefern und in denen Andrea Paluch sich als unabhängige und unbestechliche Partnerin zeigt, gibt Habeck gelegentlich zu, dass er, der nun häufiger unterwegs ist, die Familie so schmerzlich vermisse, dass er heulen könnte.[33] Den Lesern und Zuschauern gefällt das. Und er meint es ernst. Denn seine Familie, seine Frau und die vier Söhne, sind das, was er Heimat nennt.

Die Realität aber fordert ihren Tribut von der heimatlichen Idylle, angetrieben von dem rauen Wind, der in der Landeshauptstadt weht. Habeck hat die Ansprüche an sich höher gehängt, als es von ihm erwartet wird. Er selbst ist sein eigener Maßstab. Einer, der ihm viel abverlangt. Und auch seiner Familie. Ob er aufhören würde mit der Politik, wenn seine Frau es will, wird er gefragt. »Ja«, sagt Habeck, »vorm Loslassen habe ich keine Angst.«[34]

Auch Andrea Paluch kennt keine Angst vor dem Loslassen. Ihr erster eigener Roman, der nach all den Jahren gemeinsamen Debattierens, Ringens und Abgleichens im Frühjahr 2012 veröffentlicht wird, heißt *Zwischen den Jahren*. Ohne Habeck ändert sich der Schreibstil deutlich. Paluch erzählt im lakonischen, mitunter ironisierenden Ton von einer Frau, die überzeugt ist, ihr Mann würde sie betrügen. Zwar weist die Autorin die hartnäckigen Fragen der Journalistinnen und Journalisten nach etwaigen Parallelen des literarischen Konstrukts zur Wirklichkeit mit den Worten zurück: »Es spielt natürlich damit, aber faktisch ist das eine Konstruktion und hat mit mir nicht wirklich was zu tun.«[35]

Doch es bleibt nicht aus, dass jeder ihrer Sätze daraufhin seziert wird, ob sich Fiktion und Reales überschneiden. So hat das Roman-Paar zwei (statt vier) Söhne, eine Katze lebt im Haus. Die Ich-Erzählerin und vermeintlich Betrogene ist Sprachwissenschaftlerin. Und der Hausherr, ein erfolgreicher Polit-Talkmaster, benutzt, wenn er von längst überfälligen Veränderungen spricht,[36] das Wort »radikal« genauso gern und häufig wie der grüne Fraktionschef in Kiel. Wie dieser hat auch der Mann der Romanheldin eine gewisse Karriere gemacht, die sie als Paar »immer vermeiden wollten«.[37] Zuvor hatten sie eine Weile »Seite an Seite für die gleiche Sache …: Erkenntnis durch Sprache« gearbeitet.[38] Die Freundin der Romanheldin singt in einer Rockband namens d.jam.[39] Unbeabsichtigt hat man als aufmerksamer Leser dann doch das Gefühl, als Mäuschen im Hause Paluch-Habeck zu landen. Spätestens als die Autorin den Roman-Ehemann so charakterisiert: »Ein ganz und gar durchschnittlicher Typ machte das, was er machte, mit einer Inbrunst, die ihn von den anderen abhob.«[40] Es klingt wie eine ziemlich exakte Beschreibung des habeckschen Charismas. Wundert es da, wenn Robert Habeck in einem Interview mit der *Welt* gesteht, der Roman spiegele sehr wohl im Groben »unsere Lebenssituation« wider? Und er betrachte das Buch als stete Mahnung.[41]

Landeplatz: Realität

Zweifellos gibt es optisch ansprechendere Städte als Kiel. Im Stadtbild, vor allem am Fördeufer, dominieren die zweckmäßigen, speziell in den langen Wintermonaten trist anmutenden Bauten der Fünfziger- bis Achtzigerjahre.

Das war einmal anders. Um die Wende zum 20. Jahrhundert herum war Kiel ein bedeutender Marinehafen, mit prachtvollen Bauten und einem beeindruckenden Schloss, in dem die Gottorfer Herzöge residierten. Das blieb auch noch so, als hier die Weimarer Demokratie, in die so viele Menschen Hoffnung gesetzt hatten, ihren Anfang nahm. Doch als die Nationalsozialisten die Mini-Metropole im Norden zum Rüstungs- und Marinestützpunkt erklärten, war es mit der architektonischen Herrlichkeit bald vorbei. 44.000 Sprengbomben, 900 Minenbomben und rund 500.000 Brandbomben gingen bei neunzig Luftangriffen durch die Alliierten auf die Stadt nieder und legten sie in Schutt und Asche.[42] Drei Viertel aller Gebäude wurden zerstört oder schwer beschädigt. Die Einwohnerzahl hatte sich nahezu halbiert.

In Schleswig-Holstein war die Bevölkerung durch Flucht und Vertreibung aus den Ostgebieten am Ende des verheerenden Zweiten Weltkriegs binnen sieben Jahren von knapp 1,6 Millionen (1939) auf 2,65 Millionen (1946) Einwohner angewachsen.[43] Die überwiegend aus Pommern, Schlesien, Westpreußen und dem Sudetenland stammenden Flüchtlinge waren nicht willkommen. Aber sie blieben. In den Nachkriegsjahren musste sich eine heterogene Bevölkerung zusammenraufen und sehen, wie sie einigermaßen miteinander klarkam. Das galt auch in der Politik, in der es, wie im Alltag, von Sturköpfen nur so wimmelte.

Obwohl es heißt, das flache Land zwischen Nord- und Ostsee sorge für einen kühlen, klaren Kopf, konnte auch der beständig wehende Wind die teils erhitzten Gemüter nicht abkühlen. Und so sorgte das aus der Ferne so beschaulich anmutende, von zwei Meeren umschlungene Land über Jahrzehnte hinweg immer wieder bundesweit mit Intrigen und Ränkespielen für Aufsehen, bei denen die ewigen Kontrahenten, die Christdemokraten und die Sozialdemokraten, einander nichts schenkten.

Während des Wahlkampfs 1987 hatte CDU-Ministerpräsident Uwe Barschel Gerüchte lanciert, sein Herausforderer Björn Engholm von der SPD habe Steuern hinterzogen, sei homosexuell und mit Aids infiziert. Einen Tag vor dem Wahltermin im September 1987 kam durch einen *Spiegel*-Bericht heraus, dass es sich um eine beispiellose Verleumdung handelte, bei der der vom Axel-Springer-Verlag vermittelte und Barschel an die Seite gestellte Medienreferent Reiner Pfeiffer eine gewichtige Rolle spielte. Barschel schwor in einem spektakulären Auftritt im Herbst 1987 sein »Ehrenwort«, er habe von der Schmutzkampagne nichts gewusst. Doch der *Spiegel* blieb an der Sache dran und »überführte« Barschel vermeintlicher und tatsächlicher Lügen und unehrenhafter Intrigen. Er trat zurück und wurde neun Tage später im Hotel »Beau Rivage« in Genf mit einer Medikamentenvergiftung tot in einer Badewanne aufgefunden. Bis heute sind die genauen Umstände seines Todes nicht vollständig geklärt.

Es mussten Neuwahlen her. Und dem Opfer, dem schon vor der von Intrigen gespickten Barschel-Affäre außerordentlich beliebten Björn Engholm, flogen die Sympathien nur so zu. Das Wählervotum im Mai 1988 war eindeutig und beförderte Engholm mit absoluter Mehrheit von 54,8 Prozent zum Ministerpräsidenten des Landes und schickte die CDU erstmals nach 38 Jahren Regierungsverantwortung in die Opposition. Doch auch der als feinsinnig geltende Sozialdemokrat musste aufgrund der »Schubladenaffäre« im Mai 1993 zurücktreten, in der publik wurde, dass er von den Machenschaften Barschels und dessen Adjutanten Pfeiffer gewusst und sie geduldet hatte.

Dann traf es Engholms Parteikollegin und Nachfolgerin Heide Simonis, die nach zweieinhalb Legislaturperioden und zwölf Jahren im Amt bei der Ministerpräsidentenwahl im März 2005 nach einer koalitionsinternen Intrige nach vier Wahldurchgängen durch einen Abweichler in den eigenen Reihen zu Fall gebracht wurde.

Dem »Heide-Mord« folgte schließlich im August 2011 die »Lolita-Affäre« bei der CDU. Dem Landes- und Fraktionsvorsitzenden sowie Spitzenkandidaten der Partei für die bevorstehende Landtagswahl, Christian von Boetticher, war eine Beziehung zu einer Sechzehnjährigen zum Verhängnis geworden, die den Carstensen-Kronprinzen unter medialem Druck und ohne Rückhalt in den eigenen Reihen zum Rücktritt veranlasste.

Man kann also nicht behaupten, der sonst so kühle Norden wäre ein idealer Ort, um politisch einen Durchbruch zu erzielen. Aber Robert Habeck wird es gelingen. Weil er es unbedingt will. Weil er anders ist. Weil es ihm um etwas mehr geht als nur um sich selbst.

Hatte den Schriftsteller und Familienvater einst die alltägliche, allgemeine Unzufriedenheit in die Politik gedrängt, so sind es jetzt seine Ideen und Visionen, die ihn antreiben. Er wird erfahren, dass die Realität seinen kühnen Idealen Grenzen setzt. Dass nicht selten Widersprüche und Abhängigkeiten den politischen Alltag prägen. Und dass bei den Entscheidungen, die dieser einem abverlangt, ab jetzt nur noch selten jemand dastehen und Beifall klatschen wird.

Die erste seiner insgesamt 227 Reden, die Habeck nach dem umstrittenen Wahlergebnis 2009 in den folgenden Jahren im Landtag halten wird, ist eine leidenschaftliche, angriffslustige Grundsatzrede als Antwort auf die Regierungserklärung des Ministerpräsidenten.[44] Darin wäscht er Peter Harry Carstensen und dessen Koalitionspartner Wolfgang Kubicki, den er als früheren »Oppositionslautsprecher« bezeichnet,[45] mit bühnenreifen Gesten den Kopf, wirft ihnen Verschleppung von längst überfälligen Verwaltungsstrukturreformen und eine verantwortungslose Finanzpolitik vor. So schnell spricht er, dass man seinen Worten kaum folgen kann. Von Nervosität ist nichts zu spüren. Stattdessen pariert er schlagfertig Zwischenrufe, begleitet vom Gelächter des Parlaments. Als er von »meiner Regierungserklärung« spricht, wird jedoch manchem schwanen, dass dahinter ein freudscher Versprecher stecken könnte.

Doch trotz der barschen Worte ist Habeck den meisten Kabinettsmitgliedern in der nicht gerade als harmonisch zu bezeichnenden Atmosphäre sympathisch. Der Frischling im Kieler Landtag gilt vielen als smarter Querdenker. Mit seiner Art, sich seinem Gegenüber vorbehaltlos und erkundend zu nähern, nimmt er die Menschen für sich ein. Und er bringt die zänkischen Fraktionen auf unkonventionelle Weise miteinander ins Gespräch. Die Idee eines After-Work-Imbisses entsteht, zu dem sich regelmäßig Politiker aller Fraktionen, Mitarbeiter und Journalisten treffen. Nach lockeren Runden wie diesen, wird tags drauf im Landtag weiter miteinander gerungen, aber diese Abende tragen dazu bei, dass die Themen in der Sache zwar konsequent, im Ton jedoch verbindlicher debattiert werden.[46]

Die jüngst geschmiedete schwarz-gelbe Koalition soll, wie schon die vorangegangene unter Peter Harry Carstensen, nicht lange Bestand haben. Denn nachdem das Verfassungsgericht die Wahl für ungültig erklärt hatte, gab Carstensen den CDU-Vorsitz ab. Sein Nachfolger wurde Christian von Boetticher. Der hat zuvor schon im Kabinett als Landwirtschafts- und Sozialminister erste Lorbeeren gesammelt, galt aber vielen Parteifreunden als ein wenig abgehoben und zu unreif. Nur drei Monate, nachdem sie ihn dennoch zum Spitzenkandidaten für die vorgezogene Landtagswahl gekürt hatten, wird die rechtlich nicht zu beanstandende, aber moralisch zumindest fragwürdige Beziehung zu der sechzehnjährigen Schülerin öffentlich. Auch dieser Skandal der politischen Konkurrenz treibt den Aufstieg von Robert Habeck weiter voran.

Was ist bloß aus ihrer CDU geworden? Fragen sich die konservativen Schleswig-Holsteiner, die noch an einen Rest von Anstand und Ehre geglaubt hatten.

Solo für Habeck

Mit den 2012 anberaumten Neuwahlen sehen die Grünen ihre Chance kommen. Allein in den beiden letzten Jahren hat die Partei einen nie dagewesenen Zulauf von rund 500 Neumitgliedern verzeichnet,[47] ein Zuwachs von rund 20 Prozent. Offenbar kommt das neue Programm, das beispielsweise auf eine bessere Unterrichtsqualität an den Schulen zielt, sich für mehr Bürgerbeteiligung bei Großprojekten sowie gegen die Zunahme von Mais-Monokulturen im Land ausspricht, gut an.[48] Vor allem, und das müssen ihm sogar seine Neider zugestehen, auch der smarte, unverbrauchte Frontmann, der über dem Skandal-Sumpf zu schweben scheint und sich locker in Szene zu setzen weiß.

Der Partei ist bewusst, was sie ihm zu verdanken hat. Auf der Delegiertenkonferenz im November 2011 geht sie so weit, Habeck zum alleinigen Spitzenkandidaten zu küren. Allerdings nicht ohne Widerstand. »Bei der Frage, wie wir uns für die Wahl aufstellen, gab es natürlich Auseinandersetzungen«, erinnert sich

Ruth Kastner, die seit 2011 Mitglied im Landesparteirat ist.[49] »Für alle, die schon lange den Kurs der Grünen bestimmten, sich auf das Frauenstatut und damit auf eine Frau an der Doppelspitze beriefen, war das undenkbar. Es gab sogar eine Frauenversammlung auf dem Landesparteitag in Neumünster, die dagegen votierte. Aber warum sollten wir Roberts Beliebtheit nicht für unsere politischen Ziele nutzen?« Doch das bedeutete in der Konsequenz auch eine personalisierte, ganz auf das Zugpferd zugeschnittene Wahlkampagne.

Ist es richtig, für ein möglichst gutes Wahlergebnis gleich zwei der ehernen grünen Grundsätze zu opfern, nämlich die geschlechtergemischte Doppelspitze und dann auch noch die Trennung von Programm und Personen? Das fragen sich nicht nur die Altvorderen, sondern auch andere Parteifreundinnen und -freunde, die eh schon Bauchschmerzen haben angesichts des Rummels, der um ihren Frontmann veranstaltet wird, nicht zum letzten Mal.

Die Skepsis wird rasch verfliegen, auch wenn sie sich nie ganz auflösen wird.

Am 6. Mai 2012 wird der Landtag gewählt. Die Menschen mögen Robert Habeck – die Leute auf der Straße, die Journalisten, die Kabinettsmitglieder, sogar die Regierungskoalitionäre. Er verbringt mehr Zeit mit ihnen als mit seiner Familie. Auch wenn nicht jeder seiner Meinung ist, finden sie ihn sympathisch. So wie er zuhört, wie er spricht, wie er immer um Lösungen bemüht ist. Selbst FDP-Mann Kubicki, dessen Partei naturgemäß eher eine Intimfeindschaft mit den Grünen hegt, entwickelt Beißhemmungen. Jamaika, das wäre doch ein Modell für Schleswig-Holstein?

Selbst der noch amtierende Ministerpräsident Peter Harry Carstensen hätte sich für seine Partei, die CDU, eine Koalition mit den Grünen vorstellen können. »Aber nur weil es Robert gab«, wie der heute 72-Jährige sich später erinnern wird.[50] Es war der aufrichtige, offene Umgang, den Carstensen an dem Aufsteiger schätzte. »Das war anders als mit den übrigen Grünen, die ja in ihrem Ursprung an sich ein heterogener Haufen war, der zwischen rechtsextremen Positionen wie die von Baldur Springmann bis hin zu Boje Maaßen das gesamte politische Spektrum in sich vereinte.«

Von radikalen Positionen sind die Grünen im Jahr 2012 weit entfernt. Aber ihr nach wie vor ökologisches, am Wohle aller orientiertes Programm kommt an. Die Präsentation der Wahlkampfkampagne gleicht einem Paukenschlag. Anstelle von markigen Sprüchen auf grellgrünem Grund lacht Habeck in Selfie-Manier von den Plakaten. Mal signalisiert er unter der Überschrift »Wir sind die Nordlichter« umgeben von Alten und Jungen, Menschen anderer Hautfarbe und Rollstuhlfahrern die Toleranz und Weltoffenheit der Grünen. Ein anderes Mal fordert er vor einem Klassenraum, in dem sich dicht an dicht Schülerinnen und Schüler drängen »Die Bankenkrise stoppen«. Die mäßig witzigen, bemüht doppeldeutigen Sprüche werden ergänzt durch den Slogan: »Für hier mit dir«. Übersetzt soll das wohl heißen: Wir Grünen, wir nehmen die Leute im Land mit. Und der Typ, dessen Name nicht genannt wird, ist einer, der nicht nur markige Sprüche klopft.

Wie »nah dran« der promovierte Philosoph, der in die Politik ging, an den Menschen ist, beweist Habeck auf seiner Tour unter dem Motto »Robert auf Schicht«. Er wechselt im Blaumann in einer Autowerkstatt Reifen und erhält als Dankeschön mit grellgrün gefärbtem Zuckerguss überzogene Berliner.[51] Er steigt anderen Leuten als Schornsteinfeger aufs Dach. Er fährt mit der Müllabfuhr ab, was Normalos und Millionäre auf der Insel Sylt in die Tonne geben, verkauft auf dem Wochenmarkt Bio-Gemüse und bewährt sich für ein paar Stunden als Altenpfleger. Weil Habeck sich ins Spiel zu bringen weiß, sind die Medien live dabei.

Und angesichts der sympathischen Bilder kapieren die Leute im Land allmählich: Der Typ mit der Wuschelfrisur, das ist einer wie wir – der ist sich nicht zu fein zum Anpacken und kein phrasendreschender Anzugträger, wie man sie sonst zuhauf aus der Politik kennt. Nicht zuletzt: Der liebt seine Familie über alles.

Stiller Schwarm, Traum-Schwiegersohn, bester Kumpel, verlässlicher Partner – Habeck scheint all das zu verkörpern.

Nur einige reagieren irritiert, als Habeck nach dem offiziellen Wahlkampauftakt wie besoffen von dem Echo, das seine umjubelte Rede findet, in Stagediving-Manier von der Bühne in den Saal springt, direkt in die Arme seiner Parteifreundinnen und -freunde.[52] Nicht jedem und jeder von ihnen gefällt das. Ist dem grünen Star, dem die wachsende Beliebtheit der Partei maßgeblich zugeschrieben wird, etwa alles zu Kopf gestiegen? Oder haben ihn seine nahezu jungenhafte Begeisterung und das eigene Staunen über die Kraft, Politik anders, mutiger, mitnehmender zu gestalten, zu der Geste verleitet, die ihm bei einer erneuten Wiederholung Jahre später als selbstverliebt ausgelegt werden wird?

Die Wählerstimmung im Land scheint den Grünen und ihrem Programm von einer regionalen, toleranten Identität Recht zu geben. Zeitweise lagen die Umfragen bei unfassbaren 19 oder sogar 21 Prozent.[53] Doch darauf ist wenig Verlass. Und tatsächlich verändern sich die Prognosen in den letzten Wochen vor der Wahl zu ihren Ungunsten. Die Piratenpartei, die sich frei fühlt von linken und rechten Orientierungen und sich ursprünglich als Protest im Zuge der Urheberrechtsdebatte gegründet hatte, kapert in dieser Periode Politikfelder, um die sich bisher vorwiegend die Grünen gekümmert haben. Wie aus dem Nichts scheinen sie nun auch das nördlichste Bundesland zu erobern, vor allem die Herzen der potenziellen Wähler, die sich nicht an Parteifarben orientieren oder ihren Protest ausdrücken wollen.

Bis vor Kurzem im Aufwind stürzen die Grünen in den Umfragen auf 12 Prozent ab, die Piraten ziehen nahezu mit ihnen gleich. Alles sieht danach aus, als wären sie es jetzt, die einen anderen Politikstil verkörpern. Habeck wird nicht müde, auf »Merkels unpolitische Kinder« zu schimpfen. Am Wahltag, dem 6. Mai 2012, scheint es, als würde es noch schlimmer kommen. Ein Journalist steckt Habeck noch vor Verkündung der Prognosen, die Grünen lägen bei miserablen 7 Prozent.[54] 7 Prozent, das wäre ein neuer Tiefstand. Eine Katastrophe – sein Abgesang. Sollte das die Antwort sein auf seinen Einsatz, eine knallende Absage an den politischen Kurs, auf den er die Parteifreundinnen und -freunde eingeschworen hatte, die im Wahlkampf alles gegeben haben, bis zur Erschöpfung? Hatte er für dieses niederschmetternde Ergebnis seine vielversprechende Schriftstellerkarriere auf Eis gelegt und seine Familie vernachlässigt?

Als Konsequenz aus seinem vermeintlichen Desaster erklärt Habeck seinen Vertrauten seinen Rücktritt.[55] Dabei war er lediglich einer Finte aufgesessen. Ihm waren die Nerven durchgebrannt. Am Ende erzielt Bündnis 90/Die Grünen mit 13,2 Prozent das bisher beste Ergebnis. Die Partei kann mit zehn Abgeordneten in den Landtag einziehen und sichert sich in der neuen Landesregierung gleich zwei Ressorts.

Zwar reicht es nicht für eine rot-grüne Mehrheit, aber der SSW kann sich nun erstmals vorstellen, sich an einer Regierungskoalition zu beteiligen. Bei den Verhandlungen zur Regierungsbildung zeigt sich, dass die größtmöglichen Überschneidungen zur sogenannten »Küstenkoalition« oder Dänen-Ampel führen. Torsten Albig, zuvor Kieler Oberbürgermeister, wird Ministerpräsident, Monika Heinold wird das Finanzministerium zugeschlagen, und Habeck, der Schriftsteller mit einem Hang zum Philosophieren, wird Minister für Energiewende, Landwirtschaft, Umwelt und ländliche Räume – und zum ersten Stellvertreter des Ministerpräsidenten.

Die grüne Plage

Das Ministerium ist riesig, die Aufgaben vielfältig. Habeck ist nun verantwortlich für alles, was sich im Meer tummelt, an der Küste und den Deichen abspielt und im Nationalpark Wattenmeer. Er kümmert sich um den Fortbestand der Moore, den Schutz der Wälder und die vermehrt nach Norden einwandernden Wölfe. Um Äcker und Weiden und das Vieh. Und mit dem neu geschaffenen Ressort auch um Windkraftanlagen und Stromtrassen. Denn die neue Regierung will das Land ganzjährig mit Energie aus regenerativen Quellen speisen.[56] Bis 2020 soll dreimal so viel erneuerbarer Strom produziert werden wie verbraucht wird, sodass das Land Strom exportieren kann.

Jetzt kann Robert Habeck endlich wegweisende Politik mitgestalten und ist froh, sich nicht mehr in kleinteiligen, mitunter nervenaufreibenden Diskussionen mit seiner Fraktion befassen zu müssen.

Habeck residiert im zehnten Stock einer der vielen trostlosen Nachkriegs-Bausünden, etwas abseits der Kieler Machtzentrale. Von hier oben kann er über die Förde bis nach Heikendorf blicken. Dorthin, wo er seine Kindheit und Jugend verbracht hatte. Zu dem Ort, von dem er früher einmal weit wegwollte, so weit wie möglich. Weit weg scheint er in diesen Tagen nicht gekommen zu sein, aber hoch hinaus.

Weil bei dem nun 42-Jährigen das meiste ein bisschen anders ist, alles, womit er sich nun auseinandersetzen wird, draußen stattfindet und sein Titel ihm schlicht zu sperrig ist und zu lang, nennt er sich fortan »Draußenminister«. Da draußen wird es im

Land zwischen den Meeren oft ungemütlich. Denn oft sind die Ziele der Öko-Partei unvereinbar mit den Interessen von Berufsständen, die eisern ihre Pfründe verteidigen. Er wird häufig zwischen die Fronten geraten. Denn Entscheidungen, die er etwa für die Energiewende trifft, haben Auswirkungen auf den Naturschutz. Und der Ausbau von Biogasanlagen zur Erzeugung regenerativer Energie wird nicht nur eine »Vermaisung« der Landschaft zur Folge haben, sondern auch die Zerstörung der Moore sowie einen immensen Anstieg der Preise für Ackerland, der kleinere Höfe zum Aufgeben zwingt. Da draußen wird sich der Umweltminister warm anziehen müssen.

Ob der mehr kann, als nur gescheit daherreden, wollen die Leute jetzt wissen. Jetzt muss ausgerechnet ein intellektueller Schriftsteller den bis ins Mark konservativen Bauern des Nordens erklären, warum Blühstreifen am Ackerrand gut sind für den Artenschutz. Und wütenden Bürgern, welchen Sinn der Ausbau von Windkraftanlagen erfüllt. Den Fischern, warum Schweinswale geschützt werden sollen. Und den Naturschützern, warum auch sie Opfer bringen müssen, um den Frieden im Land und seine Fortentwicklung zu sichern. Abwägen, Kompromisse finden und bei aller Leidenschaft Vernunft walten lassen – das ist Habecks Habitus. Dazu zählt auch, die beteiligten Interessenvertreter gegebenenfalls durch clevere Argumente zu überzeugen.

Die Bauern begegnen ihrem neuen Agrarminister naturgemäß mit Skepsis. Unter dem CDU-geführten Landwirtschaftsministerium hatten sie sich halbwegs sicher sein können, dass Klientelpolitik gemacht wurde. Bis der Grüne Klaus Müller kam, und ihnen plötzlich Vorschriften machte und sie glauben machen wollte, sie seien nicht mehr die Herren über ihren eigenen Hof. Und jetzt? Tritt da wieder einmal so ein ideologischer Öko an, der keinen blassen Schimmer hat von dem, was die Landwirte seit bald 10.000 Jahren auf dieser Erde tun – Nahrungsmittel erzeugen, mit denen jeder Einzelne von ihnen heute 145 Menschen ernährt.[57] Mit dem werden sie es schon aufnehmen.

Aber Habeck ist anders. Er will sich nicht nachsagen lassen, er sei abgehoben und habe von dem, wie es wirklich zugeht, keine Ahnung. Er will ein Versprechen einlösen, das seine Partei den Wählern gegeben hat: das Land zu einem in allen Lebensbereichen gerechteren, toleranten, ökologischeren zu machen. So wie es in dem gemeinsamen Koalitionsvertrag steht, der sich liest, als sei er gespickt mit lauter grünen Impulsen.[58]

Auf der Suche nach einer objektiven Wahrheit wird er seinem Instinkt und seiner eigenen Analyse mehr trauen als jenen, die ihm innerhalb des Ministeriums als Experten zuarbeiten, wie es aus internen Kreisen heißt. Als Schriftsteller weiß er, wie man sich fragend einer Welt und Wirklichkeit nähert, die nicht die eigene ist. Dafür sucht er das persönliche Gespräch und die direkte Auseinandersetzung. Er wird allen seinen Gesprächspartnern das Gefühl geben, sie und ihre Anliegen zu verstehen. Die meisten werden seinem Charme erliegen, mit dem er die Bedeutung der Berufsstände, Organisationen und Verbände lobt und deren Beitrag für die Gemeinschaft. Er wird sie irritieren, wenn er im nächsten Augenblick mahnt, sie müssten auf das eine oder andere Privileg verzichten, wenn sie ihre gesellschaftliche Anerkennung erhalten wollten. Und er wird sie enttäuschen. So, dass es wehtut. Den anderen und auch ihm selbst.

Zunächst überrascht er die Landwirte, die dem neuen grünen Landwirtschaftsminister kurz nach dessen Dienstantritt schon mal zeigen wollen, wo die Forke hängt. Karl-Martin Hentschel, der sich mittlerweile mit seinem einstigen Konkurrenten über den grünen Erfolg freut, erinnert sich an eine Anekdote, die bezeichnend für den entwaffnenden Umgang Habecks mit aufgebrachten Gemütern ist: »Der Bauernverband schickt zu seinen Demos gern eine Hardcore-Gruppe. Die standen kurz nach

Roberts Amtsantritt mit Mistgabeln bewaffnet vor dem Landtag. Sie brüllten und warteten darauf, dass Robert rauskommt und irgendetwas sagt, damit sie ihn niederbrüllen können. Er kommt tatsächlich. Stellt sich gut sichtbar vor das Portal und unterhält sich lässig mit einem, der neben ihm steht. Dann kommt ein wütender Bauer dazu und fordert ihn auf: Wollen Sie jetzt nicht mal was sagen? Nein, sagt Robert, ich will hören, was Sie zu sagen haben.«

Einer, der zuhört und sich für ihre Belange interessiert, statt zu diktieren, was die Bauern alles zu lassen haben? Das klingt nach neuen Tönen, nach einem anderen Stil. Tatsächlich verblüfft ihr zuständiger Minister sie erneut. Jedes Jahr im September kommen die Mitglieder des Bauernverbandes aus allen schleswig-holsteinischen Kreisen im großen Stil zusammen, zum Landesbauerntag in Rendsburg. Die Deula-Halle auf dem Messegelände ist dann rappelvoll besetzt von eintausend Männern – Frauen sind in der Menge nicht auszumachen. Zuerst die Begrüßung durch den Landesvorsitzenden der Interessenvertretung, dann hält der Agrarminister seine Rede, die, wenn es ein Grüner ist, regelmäßig in Buhrufen und Pfiffen unterzugehen droht. Habeck, so schildert es Karl-Martin Hentschel, dreht den Spieß einfach um: »Die klassische Variante geht normalerweise so: Sobald der Landwirtschaftsminister seine Rede beendet hat, tritt wieder der Bauernpräsident auf und haut nochmal ordentlich drauf. Aber statt der üblichen hohlen Worte redete Robert, der wie immer gut vorbereitet war, über die Abhängigkeit der Bauern vom Lebensmitteleinzelhandel und zog eine halbe Stunde nur über Lidl und Aldi her. Und die Bauern? Die klatschten immerzu. Und der Bauernpräsident wusste am Ende nicht mehr, was er sagen soll. Typisch Robert!«

Und ehe sich der eine oder andere Konservative versieht, hegt er plötzlich Sympathien für den vermeintlichen Gegenspieler.

Doch dann trifft ausgerechnet die Bauern, die gerade noch gewillt waren, dem Grünen eine Chance zu geben, eine seiner schmerzhaften Amtshandlungen.

Habeck, der als Minister nicht nur für Landwirtschaft, sondern auch für den Schutz der Natur zuständig ist und gleich in mehreren Fachgebieten liefern muss, verfügt im Sommer 2013 den sogenannten »Knickerlass«.

Knicks, eine Art Wallhecken, prägen als Begrenzung von Weiden und Äckern nicht nur seit einem Vierteljahrtausend die Kulturlandschaft Schleswig-Holsteins. Sie wirken mit ihrem artenreichen Strauch- und Gehölzbestand auch wie eine »grüne Lunge«, vor allem aber sind sie Rückzugsraum für Insekten, Vögel und kleine Säuger. Zum Schutz von Flora und Fauna erlässt Habecks Ministerium eine penible Verordnung,[59] wann, wie häufig und auf welcher Art und Weise die Büsche und Bäume, die auf dem Grund und Boden der Landwirte wachsen, zu beschneiden sind. Im gleichen Zuge wird ein Saumstreifen von einem halben Meter Abstand zum Knick vorgeschrieben, auf dem die Bauern ihre Felder nicht mehr bestellen dürften.

Habeck, der entschlossen ist, Schleswig-Holstein zum grünen Vorzeigeland zu machen, und dabei aufs Tempo drückt, kommt damit lediglich einem EU-Agrargesetz zuvor, nach dem die Zuwendung von Subventionen künftig an naturschützenden Maßnahmen bemessen werden soll. Doch aus Sicht der Bauern kommt das Reglement einer Enteignung gleich. Ihr Präsident Werner Schwarz wirft Habeck wutentbrannt vor, zunächst den Dialog mit den Bauern gesucht, schließlich aber doch reines Ordnungsrecht durchgesetzt zu haben.[60] Und die Landwirte demonstrieren ihrem zuständigen Minister, was dieser Erlass bedeutet: Ein Bauer lässt 250 Knick-Brote backen, die symbolisch für den Einkommensverlust auf seinem Betrieb stehen und zugleich 250 Brote weniger für die Welt bedeuten. Habeck wird diese plastische Demonstration auf dem Bauerntag Wochen später als »eine richtige, gute Aktion« bezeichnen,[61] die die Frage aufwerfe, »wie viel Verlust können wir uns leisten und wie wenig soll es sein?« Aber auch die anerkennenden Worte werden ihm das Leben künftig nicht leichter machen.

Es brechen Zeiten des Kriegs an, die von kurzen Phasen scheinbaren Waffenstillstands unterbrochen werden, in denen es gelingt, den Faden wieder aufzunehmen.

Erst zuhören, dann loben und motivieren, dann Stellung beziehen – auf diese Art wirbt Robert Habeck dafür, dass man auch ihm und seinen Ideen Gehör gibt, mit denen er schrittweise grundlegende Veränderungen anstrebt. Die, so wird er in allen schwierigen Verhandlungen immer wieder deutlich machen, sind gesellschaftlicher Konsens. Sollte auch diese Strategie erfolglos sein, verfällt Habeck in den resignativen Ton eines wohlmeinenden Freundes, der doch nur das Beste will für sein Gegenüber, das offenbar noch nicht in der Lage ist, den Ernst der Lage, vor allem aber den eigenen Nutzen dabei zu erkennen.

Realismus statt Dogma

Es gibt Situationen, in denen weniger vermittelndes Geschick und schmeichelnde Moderation gefragt als vielmehr eindeutige Positionen und entschlossenes Handeln angebracht sind. Wie in dem Skandal um den größten Schlachthof des Landes.

Im Februar 2014 werden im Schlachthof in Bad Bramstedt schwere Verstöße gegen den Tierschutz festgestellt. Rinder, so sieht es die gängige Praxis vor, werden vor dem Schlachten zunächst mit einem Bolzenschuss ins Gehirn betäubt. Dann werden sie mit den Klauen kopfüber an einen Haken gekettet, der sie mittels eines Laufbands, eins nach dem anderen, in den sterilen Schlachtraum befördert, wo mit einem gezielten Stich nahe dem Herzen und dem Ausbluten ihr Leben enden soll. So weit die fachgerechte Praxis zum Töten von Tieren, die sterben, weil Menschen sich von deren Fleisch ernähren. Ob dieser Mindeststandard, der Tiere vor unnötigem Leiden bewahren soll, immer zuverlässig eingehalten wird, ist nicht sicher zu ermitteln. Im Fall von Bad Bramstedt, in dessen Schlachthof stündlich siebzig Rinder, jährlich 120.000 Tiere verarbeitet werden, wurde jedoch offenbar nicht fachgerecht betäubt, sodass ein Teil der Rinder gleich mehrere Bolzenschüsse aufwies, andere offenbar gar nicht betäubt wurden, sodass etliche Tiere noch bei Bewusstsein waren, als sie mit ihren Gliedmaßen kopfüber am Haken hingen. Das allein reicht für einen Skandal, der selbst hartgesottene Gemüter vor Mitleid erschaudern lässt. Und weil auch die hygienischen Zustände in dem Betrieb offenkundig mangelhaft sind, lässt Habeck die Produktion stoppen. Die Staatsanwaltschaft Kiel ermittelt wegen des Verdachts der Tierquälerei und der Missachtung der Hygienevorschriften.[62]

Obwohl der niederländische Betreiber einige Beanstandungen als Petitessen bezeichnet, mit Schadensersatzforderungen in Millionenhöhe droht und der Bauernverband auf die Barrikaden geht, weil die Landwirte wegen der vorläufigen Schließung des Schlachthofs ihre Tiere nicht mehr loswürden, lässt Habeck sich nicht beeindrucken. Erst als der Betreiber einlenkt und umfassenden Maßnahmen zur Modernisierung der Tötungsanlage sowie engmaschigen Hygienekontrollen zustimmt, wird er nach einem Monat den Betrieb unter strengen Auflagen wieder freigeben.

Für Habeck bedeutet das eine Zäsur.

Er will das System verstehen, in dem Tiere gezüchtet und getötet werden. Tiere, die nicht mehr, was annähernd ihrer Art entsprechend würde, auf der Weide laufen, sondern zunehmend in engen Ställen gehalten werden. Ein System, das vielleicht nur deshalb aufrechterhalten werden kann, weil es hinter verschlossenen Türen stattfindet. Er macht eine »Fleischreise«, um die realen Produktionsbedingungen zu erkunden.

Schon 2013 besucht er Zuchtanlagen, in denen Sauen wochenlang in engen Metallboxen liegen, um ihren Nachwuchs zu säugen, den sogenannten Ferkelschutzställen. Er schaut den Bauern beim Kupieren von Ferkelschwänzen zu, damit sich die kleinen Schweine diese nicht aus Langeweile in den engen Ställen abkauen. Er wird Zeuge von betäubungslosen Jungeberkastrationen, die verhindern sollen, dass die männlichen Schweine und deren Fleisch den typischen unappetitlichen Geruch entwickeln, weil ihnen ansonsten das gleiche Schicksal droht wie den Millionen männlicher Küken, die Jahr für Jahr geschreddert werden, weil sie zum Eierlegen nicht taugen. Er schaut Bauern dabei zu, wie sie Kälbern die Hörner ausbrennen, damit sie sich später, wenn sie zu Milchkühen herangewachsen sind, im Stall nicht gegenseitig verletzen. Er erschrickt beim Anblick von engen Mastställen und zweifelt bei der Verarbeitung von Wurstwaren an den angeblichen Verbrauchererwartungen, jede Scheibe Wurst müsse eine bestimmte Anzahl von Pfefferkörnern haben. Wie soll er derlei Absurditäten und Grausamkeiten daheim seinen Kindern erklären? Und wie sich selbst die Diskrepanz zwischen der eigenen Zuneigung zu Kreaturen, die Achtung und Mitleid verdient haben, und dem industriellen Tötungsvorgang, der aus Lebewesen Lebensmittel macht, die oft genug in der Tonne landen?[63]

Er hört aber auch den Landwirten zu, deren Höfe er auf seiner Fleischreise besucht. Sie berichten ihm von Abhängigkeiten, in denen sie sich befinden – vom Wetter, von der guten Stimmung in der Familie, die die wichtigsten und oft alleinigen Mitarbeiter stellt. Wie sie sich den Beschlüssen der EU und des Agrarministeriums und dem Preisdiktat des Lebensmittelhandels beugen müssen.

Wie es für sie zunehmend schwerer wird, die Existenz der ererbten Höfe gegen den wachsenden Druck des Weltmarkts zu verteidigen. Und auch von ihrer Art zu wirtschaften, die auf einmal falsch sein und nun plötzlich geändert werden soll. Weil die Verbraucher und die Politik es so wollen. Und, ja sicher, auch weil man nicht so weitermachen kann wie bisher. Dass sie dennoch von Angst gepackt werden, wenn das Überangebot von Schweinen auf dem Weltmarkt zu einem drastischen Preisverfall führt oder die Milchbauern nur noch 23 Cent pro Liter Milch bekommen, wo sie doch mindestens 43 Cent bräuchten, um einigermaßen über die Runden zu kommen.

In seinem Willen, den ländlichen Raum besser zu verstehen und dazuzulernen, erntet Robert Habeck den Respekt seiner zeitweise heftigsten Kontrahenten. Einer von ihnen ist Klaus-Peter Lucht, Milchbauer und Vizepräsident des Landesbauernverbands. Die beiden motzen sich bei vielen sich bietenden Gelegenheiten an, doch es gibt ein paar Dinge, die Lucht nachhaltig beeindruckt und sein Bild von dem grünen Minister als vermeintlichen Existenzvernichter korrigiert haben. »Im Rahmen einer Rindermastbereisung saßen wir nebeneinander im Bus und sprachen unter anderem auch über die Enthornung von Rindern. Habeck meinte, man müsse das sofort verbieten. Aber noch sind wir mit der Züchtung genetisch hornloser Milchkühe nicht so weit. Wir schrien uns an, denn wir sind beide von aufbrausendem Temperament. Und ich sagte ihm, du hast ja keine Ahnung! Schau dir mal an, wie es in der Wirklichkeit aussieht. Und tatsächlich kam er an einem Freitag, abends um acht Uhr auf meinen Hof. Er war dabei, als ich gemeinsam mit der Tierärztin fünf Kälber enthornt habe. Das passiert schmerzfrei unter Betäubung. Als wir nach dem gemeinsamen Abendessen zusammen in den Stall gingen und Habeck sah, wie die Kälber munter rumtollten, hat er sich überzeugen lassen. Und das«, so Lucht, »ist eine seiner großen

Stärken. Er hat zwar ein grünes Parteibuch, hält aber nicht an starren Positionen fest, sondern ist bereit, die Perspektive zu wechseln und Realitäten anzuerkennen.«

Dennoch steckt Habeck in einem Dilemma. Er muss in seinem Superministerium gleich mehrfach die Perspektiven wechseln und Forderungen an die Landwirte stellen: mehr Tierschutz und mehr Umweltschutz.

Als er ein gutes Jahr im Amt ist, fordert er eine Abluftfilter-Pflicht für große Schweine- und Geflügelmastanlagen, so wie sie schon in Niedersachsen und Nordrhein-Westfalen vorgeschrieben sind. Und er legt einen Naturschutzgesetzentwurf seines Ministeriums vor, nach dem artenreiches Dauergrünland in die Biotopliste aufgenommen werden soll. Auf rund 4800 Hektar Grünland in Bauernhand könnten die Wiesen dann nicht mehr umgepflügt werden. Vorgesehen ist eine Ausweitung des Betretungsrechtes, wonach privates Grünland für Spaziergänger nach der Ernte und vor der Mahd begehbar ist. Sowie die Erlaubnis nicht mehr nur für Privatpersonen, sondern auch für Vereine und Stiftungen, die Jagd auf eigenen Flächen zu begrenzen oder zu verbieten. Während die Naturschützer frohlocken, sehen jene, die einen der grünen Berufe ausüben, das naturgemäß als eine weitere faktische Enteignung. Habeck stellt sich stur.

Und die Bauern schäumen. Sie werden ihm einen Denkzettel verpassen und öffentlich machen, was sie davon halten.

Als Robert Habeck kurz vor Pfingsten 2014, wie an jedem Morgen, von Flensburg aus nach Kiel zur Arbeit fährt, ist die Autobahn von großen Schildern vor Ungetümen von Strohballen gesäumt. »Guten Morgen, Robert«, steht unübersehbar darauf. Was sich wie ein unverdächtiger Morgengruß liest, klingt auf dem nächsten Transparent ein paar Hundert Meter weiter warnender. Mit Sprüchen wie »Robert zerstört unsere Knicks« oder »Robert vernichtet unsere Höfe« protestiert der Bauernverband gegen die in seinen Augen zerstörerische Agrarpolitik des Ministers. Jeden Tag fährt der daran vorbei. Sechs Wochen lang. Habeck, der sich an den Pranger gestellt sieht, wütet. Er bombardiert die Drahtzieher beim Bauernverband mit erbosten Anrufen. »So beleidigt, wie er war, hat uns das nur noch mehr gefreut«, sagt einer dort.[64] Die Kommunikation ist eingefroren. Bis Habeck sich abgekühlt hat und wieder das Gespräch sucht. Die Bauern können ihn überzeugen, dass Filteranlagen wie sie etwa in Cloppenburg oder Vechta, den Hochburgen der Schweinemast, sinnvoll und notwendig sind, in Schleswig-Holstein aufgrund der weitaus geringeren Bestände keine Verbesserung für den Umweltschutz bringen.

Während Habeck in Schleswig-Holstein an vorderster Front den Dialog mit den Landwirten sucht, droht die Bundespartei mit ihrer dogmatischen Haltung, die auch den Bauern im Land nicht verborgen bleibt, seine mühsame Kleinarbeit zunichtezumachen. Nachdem Bündnis 90/Die Grünen schon im Jahr 2000 in der rot-grünen Bundesregierung einen »Atomkonsens« erreicht hatten und Kanzlerin Angela Merkel entgegen dem schwarz-gelben Kurs der AKW-Laufzeitverlängerung nach der verheerenden Fukushima-Katastrophe 2011 umschwenkte, um die Energiewende zu vollziehen, bläst die Öko-Partei nun zur Agrarwende.

Jürgen Trittin, grüner Spitzenkandidat bei der Bundestagswahl 2013, hat die Tierhalter in Rage gebracht, als er mit Blick auf den Antibiotikaverbrauch in Mastanlagen von »Drogenhandel« in den Ställen sprach. Die Grünen propagieren nun einen Ausstieg aus der tierquälerischen »Massentierhaltung«, die zusätzlich das Grundwasser mit Nitraten belastet und stellen die Landwirte als moralische Täter dar.

Habeck verachtet seit jeher die Schwarz-Weiß-Malerei, auch die in den eigenen Reihen. Die Wirklichkeit ist zu komplex, als dass sie sich auf einen einfachen Nenner bringen ließe. Also fährt er seinen Parteifreundinnen und -freunden öffentlich in die Parade. Er fordert nicht etwa, der industriellen Tierhaltung einen Riegel vorzuschieben, sondern »die Ställe für die Tiere zu bauen und nicht die Tiere den Ställen anzupassen«, denn er hat sich selbst überzeugen können, dass auch wenig Tiere elend gehalten werden können.[65] Eine Agrarwende bedeute nicht, zu der vermeintlichen Idylle von früher zurückkehren zu können. Durch technischen Fortschritt, weitgehenden Verzicht auf Antibiotika und einen geringeren Einsatz von Dünger und Pestiziden auf den Feldern durch spezielle Ausbringungsformen lasse sich manche landwirtschaftliche Debatte »zum Teil auflösen«, so Habeck.

Es ist nicht das letzte Mal, dass sich der Norddeutsche öffentlichkeitswirksam gegen den Kurs seiner eigenen Partei positioniert. Denn es ist Zeit für neue Töne, einen anderen Politikstil, der keine Schuldigen kennt, sondern nach Übereinstimmung sucht und den Menschen Mut gibt. Und die Zuversicht, dass sich alles ändern lässt. Früher oder später, aber sicher.

Hauptsache, nicht lauwarm

Habeck macht in der Politik und im Land als sympathischer grüner Realo von sich reden, der gut mit allen kann und zu Kompromissen bereit ist. Die schließt er auch, mitunter nur der Not gehorchend, mit sich selbst.

Er liest seine Post nicht mehr selbst, statt der meist überfüllten und unpünktlichen Bahn bringt ihn nun ein komfortabler Dienstwagen zu den rasch aufeinanderfolgenden Terminen: Sitzungen im Landtag, Verhandlungen, Gesprächen vor Ort, Interviews – es gibt viel zu tun. Oft enden die Tage des Robert Habeck erst um 23 Uhr.[66] Zwar hat er sich nach dem Familien-Projekt nun einem umfassenderen Projekt zugewendet, doch die Familie, sein Zuhause, ist der Ort, an dem er sich erdet. So ist es seine Frau, die ihm den phrasenhaften Politikersprech, der sich allmählich in seinen Wortschatz einschleicht, schnell wieder austreibt.[67] Andrea Paluch ist sein Korrektiv und seine moralische Instanz, an der sich messen lässt, ob er noch der ist, der er war und sein wollte.

Nur die Frau an seiner Seite? Das ist Andrea Paluch definitiv nicht. Die Debatten und der Austausch mit ihr spielen eine wichtige Rolle für Robert Habeck«, sagt einer, der die beiden kennt. Es heißt, sie gebe ihm Kontra, wenn er von einem seiner Prinzipien abweiche, etwa dem, nie eine Krawatte zu tragen, und es anlässlich der Wahl des Bundespräsidenten dann doch tut. Dann hilft ihm in der Auseinandersetzung mit ihr auch nicht die Ausrede, er habe es aus Respekt gegenüber dem Staatsoberhaupt getan. Sie, die sich selbst als größerer Öko bezeichnet,[68] bürstet ihren Mann schon mal »auf Krawall«,[69] etwa wenn es um seine neue Dienstkarosse geht, deren Schadstoffausstoß – Hybrid hin oder her – in einer Weise umweltschädlich sei, dass es mit den grünen Klimazielen ja wohl kaum vereinbar sei. Dann gibt er seinem Chauffeur zu verstehen, dieses Auto könne nicht mehr vor dem Haus parken, um den Klimagerechtigkeitssinn seiner Frau nicht weiter herausfordern. Auch das ist eine Art, Kompromisse zu schließen.

»Sie will das Lauwarme nicht, immer ein Ja oder Nein«, sagt Habeck in einem Doppelinterview über seine Frau.[70] Und schiebt nach: »Das ist übrigens eine Liebeserklärung.«

Doch ihrer Geradlinigkeit und Unbestechlichkeit zu folgen, zwingt ihn, der nicht davon überzeugt ist, Anspruch auf die alleinige Wahrheit erheben zu können, zu einem Spagat.

Und er riskiert schon mal Stress mit seiner Familie, die sich mittlerweile vegetarisch und gelegentlich vegan ernährt. In einem Interview mit der Tageszeitung *taz* schildert er sein Dilemma, in dem er als grüner Minister stecke.[71] Als einer, der moderieren und nicht ausgrenzen will. Er könne nicht so tun, als würde er nur in

Bio-Läden gehen, sich vegan ernähren und fair produzierte Kleidung tragen. Im Übrigen wolle er das auch nicht, weil ein solches Verhalten »als abgehobene Lebensstil-Vorschreiberei verstanden« würde. Es ist aber nicht nur Habecks Furcht vor möglichen Missverständnissen oder Klischees. Vielmehr ist er selbst nicht davon überzeugt, dass ein ökologisch korrekter Lebensstil bis in die letzte Konsequenz machbar ist.

Das mit seiner Parteizugehörigkeit verbundene Öko-Label, das ihm als Minister anhafte, sei für ihn »ein Stigma«, gesteht er in demselben Interview. Und auch, wie sehr ihn selbst das Klischee vom körneressenden, sich fleischfrei ernährenden Bio-Freak nerve. Zwar isst er seit dem Besuch im Schlachthof, von wenigen Höflichkeitsgelegenheiten abgesehen, kein Fleisch mehr,[72] doch er ist niemand, der andere missionieren will. Zumal er aus eigener Erfahrung weiß, wie rasch man an den eigenen hochgesteckten Idealen scheitern kann. Er glaubt vielmehr daran, dass, wenn man schon kein besserer Mensch sein könne, es auf eine bessere Politik ankomme, die den Rahmen für Orientierung und Veränderungen setzt. Ist das am Ende nur eine freiheitliche Umschreibung für Gebote?

Derweil schmiedet Robert Habeck eigene Pläne. Er will dorthin, wo die wirklich bedeutenden Entscheidungen getroffen werden. Ob Energiewende, Landwirtschaft oder Umweltschutz – als schleswig-holsteinischer Minister kann er keine Kursänderung bewirken. Nach knapp drei Jahren im Amt ist er des Klein-Kleins müde. Es müssen schon an anderer Stelle die Hebel angesetzt werden. Sein nächstes Ziel ist die Hauptstadt. Als potenzieller Spitzenkandidat der Grünen bei der Bundestagswahl 2017. Seine frühe Ankündigung bereits Ende April 2015 wirkt wie ein Paukenschlag. Bei den Bundes-Grünen und auch im eigenen Land.

Im September desselben Jahres demonstrieren die Bauern, Jäger, Waldbesitzer, Landfrauen und Fischer. Nicht nur am Boden.

Von der Förde dringt das Protest-Tuten der Fischkutter bis zum Kieler Landeshaus. Am küstengrauen Himmel kreist ein Flugzeug mit einem Transparent im Schlepp. In Anspielung auf Habecks Berlin-Pläne ist darauf in großen Lettern geschrieben »Robert hebt ab – die Bauern bleiben am Boden«. Die Landwirte haben genug von Preisverfall für Milch und Fleisch. Sie leiden unter dem schlechten Ruf, der sie und ihre Kinder tagtäglich begleitet. Bauernpräsident Werner Schwarz hatte seinen Mitgliedern »Rabatz« versprochen, damit sich die Verantwortlichen ihren Sorgen stellen. Es funktioniert. Robert Habeck trottet in einem roten Hemd demonstrativ gelassen aus dem Portal und stellt sich auf einen der Anhänger, mit denen die Bauern vorgefahren sind. Was er sagt, geht in Pfiffen und Buhrufen unter.

Ein öffentlichkeitswirksamer Bauern-Protest im Jahr ist beinahe zur Regel geworden. Ein weiteres Mal reagiert ihr Agrarminister bockig. Dass er versucht, die Sorgen zu relativieren, indem er erklärt, die Bauern stünden wegen der »miserablen« Milch- und Fleischpreise »unter hohem Druck«, macht die Sache nicht besser. Zumindest nicht an diesem Tag. Und auch nicht, als im Dezember konkrete Schritte zur Zusammenarbeit zwischen Ministerium und Bauernverband für das Jahr 2016 festgezurrt werden sollen. Es geht um Gewässerschutz und Düngeregeln. Auf der einen Seite der grüne Umwelt- und Agrarminister, der in Sachen Naturschutz Erfolge vorweisen will. Auf der anderen die Landwirte, für die es um die Existenz geht. Es wird laut, von beiden Seiten. Unvereinbar stehen sich die beiden Parteien gegenüber. Die erhitzten Bauernvertreter fahren schwere Geschütze auf und fordern Habeck heraus, »Du bist nicht nur Vertreter der Umweltschützer, sondern auch unser Minister. Sag uns, wo du hinwillst!« Von einer Ministeriumsmitarbeiterin müssen die Landwirte sich anhören, das gleiche einem Tribunal. Nachdem sich die Gemüter abgekühlt haben, schließen sie mit der »Allianz für Gewässerschutz« einen Kompromiss, der wie so oft auf Freiwilligkeit basiert.[73] Damit können die Bauern leben, es herrscht wieder Frieden. Ein derart aufgeklärter Pragmatismus bei einem Grünen? Mit einem wie dem lässt sich verhandeln, meint der Bauernverband. Dessen Präsident Schwarz sagt nach all den Gefechten sogar anerkennend, man müsse Habeck klonen.[74]

Wat mutt, dat mutt

Auf Habeck warten weitere, mindestens ebenso harte Auseinandersetzungen wie die mit den Bauern. Wie war das noch gleich? Politik ist nie fertig. Und man müsse sich den Politiker als einen glücklichen Menschen vorstellen.[75] Habeck ist fest entschlossen, an dieser Sicht der Dinge in den Konflikten zwischen Naturschutz und Fischerei festzuhalten. Verständnis und Gesprächsbereitschaft signalisieren, aber fest in der Sache bleiben – mit dieser Methode wird er vielleicht doch zumindest den einen oder anderen Stein aus dem Weg zu räumen können.

Die Fischer gehören einem Berufsstand an, der ganz und gar durchdrungen ist vom Stolz auf eine jahrhundertealte Familientradition. Niemand hat sie beugen können, kein noch so steifer Wind und auch kein Regen. Denn auf hoher See ist man allein auf sich gestellt und bestenfalls in Gottes Hand. Dass da draußen auf dem Meer nun Recht und Gesetz gelten sollen und einer daherkommt, der ihnen die Fanggründe streitig machen will, sorgt an den Küsten von Nord- und Ostsee für einen Sturm der Entrüstung.

Im Sommer 2013 hatte Habeck die Küstenfischer mit Plänen zur Änderung der Küstenfischereiverordnung gegen sich aufgebracht, die eine erbittert geführte Auseinandersetzung mit einem Kompromiss beenden sollte. Umweltschützer sorgten sich um Tauchenten und die Schweinswale, die sich in der Ostsee tummeln und dort nicht selten einen qualvollen Tod in den Stellnetzen der Küstenfischer fanden. Sein Vorschlag, in drei besonders betroffenen Seegebieten für acht Monate im Jahr das Ausbringen von Stellnetzen zu verbieten, bringt ihm heftige Kritik von beiden Streitparteien ein. Den Naturschutzverbänden geht das nicht weit genug, die Fischer sehen ihre Existenz gefährdet. Habeck, der nach vielen zuvor intern geführten Diskussionen um Augenmaß und Verständnis geworben hatte, reißt der Geduldsfaden:

»Ich will diesen Knoten gelöst haben. Beide Seiten sollten mal überlegen: Wie kann's gehen?«[76] Wenn sich jetzt keine konstruktive Lösung finden lässt, wird er entscheiden. Denn wat mutt, dat mutt – was sein muss, muss sein.

Umweltverbände verstehen sich als Anwälte der Natur. Da kennen sie keine Kompromisse. Und mit sich verhandeln lassen sie ebenfalls nicht. Habeck weiß das und versucht die Fischer, unter denen auch einige alte Freunde sind, zum Einlenken zu bewegen. Ein halbes Jahr später unterzeichnet er mit den Fischereiverbänden eine Vereinbarung, mit der sich die Fischer verpflichten, weniger Stellnetze als bisher auszulegen und Gebiete zu meiden, in denen Tauchenten bevorzugt rasten und auf Nahrungssuche gehen. Mit der damit verbundenen Freiwilligkeit ist ein Fischereiverbot erst einmal vom Tisch. Doch diese Basta-Politik passt einigen Fraktionskolleginnen und -kollegen nicht in den Kram und wirft die Frage auf, wie viele Alleingänge man dem Minister einräumen will. Wie viele urgrüne Positionen man aufgeben darf, um die Menschen da draußen für die langfristigen politischen Ziele zu gewinnen?

Die Naturschützer jedenfalls schäumen geradezu und fühlen sich von dem Grünen, der doch eigentlich auf ihrer Seite stehen müsste, verraten und verkauft. Schon wird geunkt, Habeck sei in Wirklichkeit ein Schwarzer, der sich zur Tarnung einen grünen Mantel umgehängt habe. Der aber hat sehr wohl Ideale, nur wird er sich nicht zum Sklaven einer Ideologie machen. Um seine Pläne zu verwirklichen, muss er spielen – mal gewinnt der eine, mal der andere.

Weitere Konfliktherde zwischen Fischerei und Naturschutz schwelen, oder besser brennen, im Nationalpark Wattenmeer. Unter anderem die Umweltstiftung World Wide Fund For Nature (WWF) fordert schon lange ein Krabbenfangverbot in der streng geschützten Region. Der Hauptkritikpunkt betrifft den immensen, nach Einschätzung des WWF neunfachen, Beifang durch Schleppnetze, die über den Meeresboden des Weltkulturerbes rollen, um das »rote Gold der Nordsee« einzusammeln. Die Miesmuschelfischer stehen ebenfalls im Fadenkreuz der Naturschützer, weil deren Fangmethoden die Muschelbänke und Riffe nachhaltig beschädigen würden und der Bestand bedrohlich zurückgegangen ist. Seit der Gründung des Nationalparks 1985 liegen die Parteien darüber schon im Clinch.

Hier die heimischen Berufsfischer, für die es um die blanke Existenz ging. Dort die Umweltverbände, die eine möglichst unversehrte Natur bewahren möchten oder zumindest den Lebensraum verschiedener Arten nicht noch weiter einschränken wollen.

Wie kann eine Balance geschaffen werden zwischen den gleichberechtigten Interessen von Nutzern und Schützern? Appelle nützen wenig bei derart verhärteten Fronten. Also baute Habeck »im härtesten aller Konflikte zwischen Naturschutz und wirtschaftlicher Nutzung« mit langem Atem und viel Geduld und nach manchem Köm, den er auf den Kuttern getrunken hatte, um den Fischern klarzumachen, dass nachhaltigere Fischerei »zu mehr Akzeptanz bei den Verbrauchern, zu stabilerem Absatz und damit ganz schlicht zur Zukunftssicherung der Branche« beiträgt, Brücken, über die schließlich beide Parteien gehen konnten.[77] Nach drei Jahrzehnten Streit wurde 2015 eine Vereinbarung geschlossen, die als »Muschelfrieden« in die schleswig-holsteinische Geschichte eingehen sollte und den grünen Minister über alle Partei- und Gesinnungsgrenzen hinweg zum beliebtesten Politiker des Landes machen sollte.

Woher der Wind weht

Das Land zwischen den Meeren ist klar zur Energiewende und hat das Bekenntnis abgelegt, die Erzeugung unter anderem aus Windkraft gewonnener regenerativer Energie zu verdreifachen. Doch die »Spargel«, die die schöne norddeutsche Landschaft verschandeln und mit ihren Riesenflügeln surrend Schatten darauf werfen? Die will der Großteil der Bevölkerung nicht vor der eigenen Haustür. Und schon gar nicht die Stromleitungen, über die die gewonnene Energie ins Netz eingespeist werden soll. Mal abgesehen von der Optik, ist der Eingriff in die Natur weitreichend. Artenschützer sorgen sich um die Vögel, die von den Rotoren geschreddert werden, Anwohner fürchten den Lärm und Grundstückseigentümer den Wertverlust ihres Besitzes. Widerstand formiert sich, dem Habeck entschlossen begegnet: »Wer gegen Atomkraft ist, hat die Wahl zwischen Windkraftanlagen oder Wohlstandsverzicht.« Was nicht angehen könne, sei gleichzeitig weniger und mehr zu wollen.[78] Aber in seinem Ministerium weiß man, wie man aus Betroffenen Verbündete macht: Erklären, was geplant ist. Einwänden und Anliegen zuhören, sie ernst nehmen. Und den Menschen gleichzeitig klarmachen, wie die Geschichte ausgehen wird, wenn sie sich einer sinnhaften Weiterentwicklung verweigern. Am Ende stehen Kompromisse, für die alle Beteiligten gemeinsam Verantwortung tragen. Habeck spricht in Konfliktfällen wie diesem gern davon, man müsse »vom Ziel her denken«. Und das klingt dann schon ganz ähnlich wie Bundeskanzlerin Angela Merkels Devise, sie denke vom Ende her.

Um die Widerstände in den Gemeinden landauf, landab zu minimieren und den Stromnetzausbau voranzutreiben, werden 2016 Bürgerdialoge veranstaltet,[79] in denen kein Zweifel an der Durchsetzung der Energiewende gelassen wird, aber Mitgestaltung gefragt ist bei der Lösung, wie der Strom von A nach B kommt, »und das nicht irgendwann, sondern schnell«.[80] Und weil es wirklich schnell gehen sollte, wurde die formale Beteiligung durch eine Zusammenlegung von Raumordnungs- und Planfeststellungsverfahren verkürzt. Im Gegenzug, so wurde den Bürgern und Naturschutzverbänden zugestanden, wurde eine informelle Möglichkeit der direkten Einflussnahme auf die Planungen geschaffen. So konnten 450 Kilometer Leitungen in Rekordzeit genehmigt werden. Das erklärte Ziel der Landesregierung, die Gigawatt-Leistung in der laufenden Legislaturperiode zu verdreifachen, wird nicht erreicht, aber sie wird immerhin nahezu verdoppelt. Doch der Bau weiterer Windräder wird in den kommenden Jahren nur schleppend vorangehen. Denn die Flächen werden knapp, die Betreiber müssen sich an bundesweiten Ausschreibungen beteiligen und auch die Genehmigungsverfahren ziehen sich hin. Wenn es der Bundesrepublik ernst ist, muss eine nationale Lösung her. Ein schleswig-holsteinischer Energieminister allein, so Habecks Einsicht, kann da wenig ausrichten.

Robert Habecks Stärke zeigt sich immer dann, wenn er im direkten Kontakt ist, mit Bürgern, Partei- und Kabinettskollegen, mit Journalisten. Er ist bekannt für seine lockeren Sprüche, immer bemüht um einen Konsens. Denn sein Selbstverständnis speist sich aus Zuspruch und Zustimmung. Sollten die sich nicht spontan einstellen, wirbt er so lange für sein Anliegen, bis er sie hat. Aber er muss auch Entscheidungen treffen, die kaum jemand nachvollziehen kann.

Im Herbst 2016 breitet sich die Geflügelpest durch Wildvögel in Europa und auch in Schleswig-Holstein rasant aus. Im November alarmiert der erste Fund toter Wildvögel das Agrarministerium. Als das Virus H5N8 zunächst in einer kleinen Putenzucht, dann in einer großen Mastanlage identifiziert wird, gilt landesweit eine Stallpflicht, um die Infektionsgefahr für Freilandgeflügel zu minimieren. In den Ställen, die nicht für den Daueraufenthalt der Hausvögel ausgelegt sind, ist es eng. Die Tiere sind gestresst und ihre Halter auch. Und ein Ende der Geflügelpest ist noch nicht abzusehen. Habeck wägt ab, sucht nach Lösungen zwischen der Freiheit der Bauern und ihrer Tiere und der Verantwortung für den Rest des Landes. Seit zweieinhalb Monaten leiden die Hühner, Gänse, Enten, die sonst auf der Wiese kratzen, schnattern, weiden und baden dürfen, da wird im Kreis Steinburg erstmals in Europa der hochansteckende Erreger des Subtyps H5N5 festgestellt und verschärft die Probleme noch weiter. Denn die Halter von Freilandhühnern etwa dürfen ihre Produkte nach geltendem EU-Recht nun nicht mehr als Freilandeier vermarkten. Das bedeutet 3 bis 4 Cent weniger pro Ei. Die finanziellen Einbußen könnten 57 Betriebe an den Rand des Ruins treiben.[81] Habeck verspricht, die Verluste mit den EU-rechtlich als Obergrenze festgelegten bis zu 15.000 Euro pro Betrieb aufzufangen, insgesamt stehen 855.000 Euro Landesmittel dafür bereit. Mehr kann er nicht tun.

Habeck hatte sich gemeinsam mit Amtskollegen aus den weiteren betroffenen Ländern bei der Bundesregierung für eine flexiblere Handhabung der strikten Zwölf-Wochen-Frist stark gemacht und um Unterstützung geworben. Vergebens, da das gegen geltendes Recht verstoße. »Ich finde es politisch falsch«, sagte Habeck. »Aber uns sind rechtlich die Hände gebunden.«[82] Doch es gibt Leute, die ihm persönlich die Schuld zuweisen, ihm Hass-E-Mails senden und Tierkadaver an seine Privatadresse.[83] Er hat schon viel erlebt, in den zurückliegenden Jahren, heftige Wortgefechte, raue Töne, Schmähungen, offene Anklagen. Doch nun trifft ihn persönlich, und auch seine Familie, der wütende Unmut mit einer emotionalen Wucht, deren Ursachen er später versucht, genauer zu ergründen.

So kann es weitergehen

Als Ende März 2017 die Stallpflicht teilweise gelockert und zum 1. Mai endlich vollständig aufgehoben wird, befindet sich Robert Habeck schon im Wahlkampfmodus für die anstehenden Landtagswahlen. Allerdings nur halbherzig. In seinem Land Schleswig-Holstein hat er, subjektiv und objektiv betrachtet, in kurzer Zeit eine glänzende Bilanz vorzuweisen. Doch das reicht ihm nicht. Denn immer wieder mal, das hat die Praxis gezeigt, scheitert er an den Grenzen, die ihm die Bundespolitik und auch die EU-Gesetze auferlegen. Und auch der Kurs seiner eigenen Bundespartei.

Also hatte er sich bereits im April 2015 als Spitzenkandidat der Bundes-Grünen für die im Herbst 2017 anstehende Bundestagswahl ins Spiel gebracht. Für den Sprung in die Hauptstadt hatte Habeck alles auf eine Karte gesetzt. Um zu zeigen, wie ernst es ihm ist, hatte er in seiner Bewerbung auf eine »Rückfalloption« verzichtet. Er kündigte an, weder erneut für den ebenfalls 2017 neu zu wählenden schleswig-holsteinischen Landtag noch bei einer möglichen Niederlage bei der Urwahl im Bund auf dem vorderen Listenplatz für den Bundestag kandidieren zu wollen.

Also lacht im schleswig-holsteinischen Landtagswahlkampf 2017 nicht das Konterfei des beliebtesten Landespolitikers von den Grünen-Plakaten, sondern die Finanzministerin Monika Heinold, seit 1984 Parteimitglied. Bei ihrem Dienstantritt 2012 wurde der gelernten Erzieherin nicht allzu viel zugetraut. Doch dann hatte sie sich parteiübergreifend einen Namen gemacht und den einst maroden Landeshaushalt respektabel im Griff.

Offiziell gibt es bei den Nord-Grünen keine Doppelspitze mehr. Heinold startet als alleinige Spitzenkandidatin in den Landtagswahlkampf. Doch sie wie auch ihre Partei weiß, dass das wahre Zugpferd Habeck ist. Für den Fall, dass er mit seinen Berliner Ambitionen scheitern würde, hatte sie um einen Sonderweg gebeten, damit dem Politliebling auch ohne Landtagskandidatur ein Wiedereinzug in das Kabinett offenbleibt.

KAPITEL 3
WEITERDENKEN UND GRÖSSER

Die Hauptstadt ist weit weg vom deutsch-dänischen Grenzland. Und auch der Rest der Republik.

Im Winter 2015/16 ist der beliebteste Politiker Schleswig-Holsteins deutschlandweit zu Terminen unterwegs, wenn sein Amt ihm dafür Zeit lässt.[1] Mit seiner Bewerbung um die Spitzenkandidatur für die Bundestagswahl 2017 hat Robert Habeck sich bei den Parteifreundinnen und Parteifreunden südlich vom hohen Norden ins Gespräch gebracht. Auf Einladung der Kreis- und Landesverbände hält er Neujahrsreden, Aschermittwochsreden, besucht Klausurtagungen. Und er leistet seinem Parteifreund Winfried Kretschmann, ein eher rechter Linker, so wie Habeck selbst, Wahlkampfhilfe in Baden-Württemberg. Dort wird am 13. März der Landtag gewählt.

Zwischen Flensburg und Friedrichshafen liegen, wenn es gut läuft und die Bahn pünktlich ist, zehn Reisestunden mit dem Zug. Nach Tagen, die angefüllt waren mit Interviews und Auftritten in fremden Städten und Hotels, will der Minister »nur noch nach Hause, um wenigstens zum Tischabräumen und Abwasch noch da zu sein, wenn man schon das gemeinsame Essen mit der Familie verpasst hat«.

Seine Familie. Sein Fixpunkt. Sein privates Glück.

Sein ältester Sohn war gerade in die Schule gekommen, als Habeck entschied, in die Kreispolitik zu gehen. Schon jetzt verpasst er Elternabende, die Handballspiele der Söhne. Rausgefallen zu sein aus dem Alltag, bereite ihm ein »echtes, seelisches Problem«, beschreibt er in einem Interview das Dilemma, in dem der Familienmensch, als der er sich noch immer definiert, steckt.[2] Später wird Habeck zudem häufiger das Gefühl beschleichen, ein »Rabenvater zu sein«,[3] und gestehen, unterwegs »Heimweh nach der Familie« zu haben. Seine Familie kommt jedoch gut ohne ihn klar. Die Söhne, mittlerweile zwischen 13 und 19 Jahre alt, sind in der Schule, beim Handballtraining oder treffen Freunde. Seine Frau sitzt in Redaktionssitzungen oder macht Musik. Weil einer der Söhne eine Lese- und Rechtschreibschwäche hat, hat sie sich zudem zur Lernberaterin nach der Davis-Methode ausbilden lassen und auch gleich das Werk des Erfinders Ronald Dell Davis übersetzt.[4] Dessen eigentlich für Autisten entwickelte Verfahren sollen Betroffenen ermöglichen, Stress abzubauen, das eigene Energieniveau zu kontrollieren und die Aufmerksamkeit selbst zu regulieren.

Seit dem Umzug nach Flensburg kreist das Leben der Familie schon lange nicht mehr nur um das Beisammensein am häuslichen Küchentisch, an dem oft genug ein Platz leer geblieben ist.

Wenn der Familienvater unter der Woche spätabends oft erst gegen 22 oder 23 Uhr heimkommt, lässt sich schwer einschätzen, wie er gelaunt ist. Hat er einen Durchbruch bei Verhandlungen mit Fischern oder Naturschützern erzielt oder er eine gelungene Rede gehalten, die ihm weiteres Wohlwollen einträgt, platzt er geradezu vor Euphorie.[5] War er offenen Anfeindungen ausgesetzt, trägt er seine Wut über die unsachlichen Angriffe bis über die Schwelle der Haustür. Habeck ist ungeduldig, die Angelegenheiten in Kiel kommen ihm nicht schnell genug weg vom Fleck. Doch dort muss er seine Ungeduld beherrschen, wenn er die Dinge vorantreiben will. Also entlädt sich seine Ungeduld bei denen, die ihre Liebe nicht an Bedingungen knüpfen oder wegen Missstimmungen entziehen. Er fällt seiner Frau und den Söhnen ins Wort. Oder will nur noch vor dem Fernseher abhängen, statt seiner Familie zuzuhören, die erzählen will von Trainingserfolgen und ihrem Alltag, der trivial erscheint im Vergleich zu seinen Sorgen und seinem Wirken in der Politik.[6] Robert Habeck muss sich zügeln und schauen, wie ein Rest Gemeinsamkeit bleibt, bevor sie sich vollends auflöst.

Doch gerade jetzt gibt es andere Prioritäten. Und ein weiterer Horizont tut sich auf. 13 Jahre nach seinem Einstieg in die Politik setzt der 46-Jährige zu einem Sprung an, der ihn über die Landesgrenzen hinaustragen soll. Denn vielleicht wird auch im Bund möglich sein, was ihm in Schleswig-Holstein gelungen war – den müden Kahn Bündnis 90/Die Grünen wieder flottzumachen. Denn nach dem triumphalen Sprung über die 10-Prozent-Marke bei den Bundestagswahlen 2009, war die Zustimmung vier Jahre später auf 8,4 Prozent gesunken. Es sieht so aus, als würde die Partei nicht so recht aus dem Quark kommen, den die Gründerfrauen und -männer einmal aus Protest angerührt hatten.

Von den Spontis zu den Realos

In den Sechzigerjahren ging es den in Deutschland lebenden Menschen zunehmend besser. Die Wirtschaft wuchs. Und auch der Wohlstand. Diesen Kurs wollten die von der Union geführten Bundesregierungen weiterverfolgen. Und sie wollte unabhängiger werden von den Siegermächten des Zweiten Weltkriegs. Um die Sicherheit der von diesen in Deutschland stationierten Truppen zu gewährleisten und die alliierten Vorbehaltsrechte abzulösen, mussten Notstandsgesetze geschaffen werden, die dem Staat weitgehende Befugnisse einräumten. Erste Pläne dafür hatten schon Mitte der Fünfzigerjahre auf dem Tisch gelegen. Sie waren im Parlament und in der Bevölkerung hochumstritten, genauso wie die folgenden weiteren Entwürfe. Denn darin war vorgesehen, dass im Verteidigungsfall, bei inneren Unruhen und Naturkatastrophen die Gesetzgebungskompetenz des Bundes ausgeweitet werden sollte. Die Pläne sahen zudem die Einschränkung bestimmter Grundrechte vor, etwa beim Postgeheimnis, aber auch den Einsatz der Bundeswehr und des Bundesgrenzschutzes. Über die einzelnen Inhalte wurde lange gestritten, Mehrheiten kamen nicht zustande, auch weil die SPD in der Opposition ihre Zustimmung verweigerte und damit eine Zweidrittelmehrheit für die notwendige Grundgesetzänderung verhinderte. Nachdem 1966 die Koalition mit den Liberalen an einem Streit über Steuererhöhungen zerbrach, die das Haushaltsdefizit decken sollten, wurde die erste große Koalition aus CDU/CSU und SPD geschmiedet. Nicht zuletzt um den Preis, dass die Sozialdemokraten die umstrittenen Notstandsgesetze mit auf den Weg brachten.

Normale Bürger, Gewerkschaften, vor allem aber die Studenten fühlten sich an das totalitäre Vorgehen des NS-Regimes erinnert und zweifelten an der Existenz einer wahren Demokratie in der Bundesrepublik. Sie gingen auf die Straße und bildeten eine Außerparlamentarische Opposition (APO). Zu den Splitterparteien, die sich um die Bürgerbewegung bildeten, gehörte der von Rudi Dutschke mitangeführte Sozialistische Deutsche Studentenbund (SDS), der sich immer wieder gewalttätige Auseinandersetzungen mit der Polizei lieferte.

Gewalt kann kein Mittel des Protests sein, fand die deutsche Bevölkerung. Schließlich erinnerten sich die Älteren noch gut daran, wo das enden kann. Die Sympathien für die straßenkämpferischen Revoluzzer hielten sich in engen Grenzen. Doch der Aufruhr hielt an. Im Land und in der Welt. In den USA war eine Entwicklung angestoßen worden, die schon bald einige Staaten der westlichen Welt erfassen sollte. Aus der Bürgerrechtsbewegung der Afroamerikaner und aus dem Protest gegen den Vietnamkrieg formierte sich mit der 68er-Bewegung vor allem an den Universitäten ein linksgerichteter Protest – gegen Unterdrückung, Krieg, Kapitalismus und staatliche Willkür. Für Gleichberechtigung, Frieden, Chancengleichheit und Freiheit. Neue soziale Bewegungen versuchen durch Demonstrationen, Blockaden und Hausbesetzungen Einfluss auf die Politik zu nehmen.

Ihre Kritik richtet sich zudem gegen die Existenz von nuklearen Waffen sowie die zivile Nutzung der Kernenergie. Die Erinnerung an die verheerenden Folgen der Atombombenabwürfe auf Nagasaki und Hiroshima hallt in den Stimmen der Friedensbewegung noch nach. Und der Ausbau von Atomkraftwerken sorgt rund um den Globus für Angst vor den möglichen Auswirkungen. In Deutschland entstehen Bürgerinitiativen gegen geplante Kernkraftwerke, etwa in Brokdorf, gegen den »schnellen Brüter« in Kalkar, gegen die Wiederaufbereitungsanlage Wackersdorf in der Oberpfalz und gegen das geplante Atommüll-Endlager in Gorleben.

Ende der Siebzigerjahre müssen die Bürgerinitiativen erkennen, dass die etablierten politischen Parteien sich von den Protesten, die oft genug in gewalttätigen Auseinandersetzungen zwischen Demonstranten und Polizei enden, nicht beeindrucken lassen. Wenn der Staat nicht einlenkt, muss das System eben nach den geltenden Regeln ausgehebelt werden: mit der Gründung einer neuen Partei, die innerparlamentarisch Einfluss nehmen könnte. Den Anfang macht die Bürgerinitiative im niedersächsischen Grohnde, wo die Errichtung eines Atomkraftwerks geplant ist. Am 11. Mai 1977 wird aus der dortigen Bürgerinitiative die erste »Umweltschutzpartei«. Im benachbarten Hildesheim entsteht die »Grüne Liste Umweltschutz« (GLU), die in der Bevölkerung so viel Zuspruch bekommt, dass sie binnen eines Monats in den Kreistag einziehen kann. Aus beiden Gruppen entsteht der erste grüne Landesverband.

Der Erfolg der niedersächsischen Grünen gibt Hoffnung, dass sich früher oder später Umwelt- und Friedensthemen in die Parlamente tragen lassen. In der Folge entstehen in Westdeutschland weitere »Grüne«, aber auch »Bunte« und »Alternative« Listen und Zusammenschlüsse. Ihr Themenspektrum umfasst im Kern Umwelt und Natur, Frieden, Frauenrechte. Doch die Gruppierungen sind zu klein, um jemals die 5-Prozent-Hürde für den Einzug in die Parlamente zu nehmen. Vereint aber könnte es klappen, zum Beispiel bei der anstehenden ersten Europawahl. So sammeln sich 1979 die unterschiedlichen Strömungen in der eher bürgerlich-konservativ ausgerichteten »Sonstigen Politischen Vereinigung (SPV)/Die Grünen«. Zwar verfehlt das Listenbündnis mit prominenten Spitzenkandidaten wie dem EX-CDU-Mann Herbert Gruhl, der Frontfrau Petra Kelly und dem Künstler Joseph Beuys das ehrgeizige Ziel, in das Europaparlament einzuziehen. Aber immerhin werden ihm aufgrund des guten Ergebnisses 4,5 Millionen D-Mark Wahlkampfkosten erstattet.[7] Damit lässt sich etwas anfangen, zum Beispiel die Gründung einer echten Bundespartei im Januar 1980.

Selbst, aber nicht glatt gestrickt

Der weltweite Frieden bleibt brüchig. Sowjetische Truppen starten Ende 1979 eine Invasion in Afghanistan. Das Wettrüsten der Supermächte ist nach dem NATO-Doppelbeschluss in vollem Gange, 1979 war es zu einem Unfall im US-amerikanischen Kernkraftwerk Harrisburg gekommen, die Wirtschaft kriselt. Das ist eine Gelegenheit für die neue Partei, sich einzumischen.

Und nachdem die sozial-liberale Bundesregierung unter Kanzler Helmut Schmidt durch ein Misstrauensvotum zerbricht, können die Grünen mit ihrem Programm aus Ökologie, Basisdemokratie, sozialer Gerechtigkeit und Gewaltfreiheit punkten. Nach den vorgezogenen Neuwahlen im März 1983 feiern sie den Einzug in den Bundestag mit 5,6 Prozent der Stimmen. Mit einem erstaunlich hohen Frauenanteil angesichts des männlich dominierten und nun zwischen Fassungslosigkeit und Irritation schwankenden Kabinetts unter Helmut Kohl. Die Grünen wollen alles anders machen. Und so erhält der frisch gewählte Kanzler als Begrüßungsgeschenk statt Blumen einen Tannenzweig, der an das Waldsterben erinnern soll.[8] Und Waltraud Schoppe, Grünen-Abgeordnete aus Niedersachsen, reicht gleich zum Auftakt eine Rede nach, in der sie fordert, den »alltäglichen Sexismus hier im Parlament einzustellen«.

Mit Auftritten und Provokationen wie diesen mischt die »Anti-Parteien-Partei«, wie Petra Kelly sie bezeichnet, den Bundestag auf. Inhaltlich wie optisch. Ihr Auftreten lasse den »Respekt vor dem Hohen Haus« vermissen. Um derlei Rügen scheren sich die Polit-Neulinge nicht, schließlich muss man sich Respekt verdienen. Über den Fernseher der Bundesbürger, die den Parlamentsdebatten folgen, flimmern jetzt Bilder von Männern mit langen Zottelbärten, in Wollpullis und mit Turnschuhen. Transparente und Blumentöpfe zieren die Sitzungsbänke. Die Altgedienten wetten darauf, die »Chaostruppe« würde keine zwei Jahre in der Bonner Politik überstehen. Doch die Grünen sind näher dran an den Themen, die die Gesellschaft bewegen: der Sehnsucht nach einer friedlichen Welt, nach Selbstbestimmung der Frauen, der Vereinbarkeit von Familie und Beruf. Es geht ihnen um nicht weniger als die sofortige Stilllegung aller Atomanlagen, die Entmilitarisierung der Bundesrepublik und ihren Austritt aus der NATO. Sie werden sich behaupten.

Die größte Herausforderung der im Aufwind befindlichen Protestpartei besteht in den internen Flügelkämpfen. Denn so bunt wie ihre Wählerschaft ist auch die Partei, die größtmögliche Transparenz einfordert.

Der Richtungsstreit zwischen öko-fundamentalistischen und realpolitischen Strömungen wird öffentlich ausgetragen. In einer ungeordneten Heftigkeit, die so manchen Anhänger verstört. Parteifreunde und Abgeordnete beider Lager streiten unnachgiebig darüber, ob die Grünen eine Regierungsbeteiligung anstreben sollen. Unter den »Fundis« finden sich Vertreter systemkritischer, antikapitalistischer und pazifistischer Positionen, die sich vehement gegen eine Verbrüderung mit dem etablierten Politsystem stemmen. Die »Realos«, wie etwa Joschka Fischer, Otto Schily oder Rezzo Schlauch, wiederum sind bereit, sich in Teilen von starren Dogmen zu lösen und sich den Parteien der bürgerlichen Mitte anzunähern. Weitere Prinzipien, die es zu verteidigen gilt, sind die Trennung von Amt und Mandat, nach der ein Bundestagsabgeordneter bestimmte Parteiämter nicht wahrnehmen darf, das Frauenstatut, das eine Geschlechter-Parität gewährleistet, sowie das Rotationsverfahren, nach dem Abgeordnete spätestens nach zwei Jahren ihren Stuhl wieder frei machen müssen, um eine Ämterhäufung und damit Machtmissbrauch zu verhindern. Denn schließlich lautet die Devise der Grünen in ihren Anfängen »Keine Macht für niemand«. Nicht jeder wird sich an diese Parole halten.

Die Realos gewinnen an Boden. Nur fünf Jahre nach ihrer Gründung gelangen die Grünen in Hessen 1985 erstmals in die Regierungsverantwortung. Mit dem machtbewussten und eigensinnigen Joschka Fischer als Umweltminister. In der Folgezeit zieht die Partei in insgesamt acht Länderparlamente ein.

Doch die Realos wollen mehr. An die Regierung im Bund. Bei der ersten gesamtdeutschen Bundestagswahl nach der Wiedervereinigung 1990 allerdings verfehlen die West-Grünen die 5-Prozent-Hürde. Zwar sichert ihnen der unmittelbar nach der Wahl erfolgte Zusammenschluss mit dem Ost-Wahlbündnis »Bündnis 90« den Einzug in den Bundestag und Sitze in den ostdeutschen Landesparlamenten. Die einstige ostdeutsche Bürgerrechtsbewegung fühlt sich in der Partei mit ihren Anliegen jedoch schnell an den Rand gedrängt und vereinnahmt. Deren Wähler quittieren das 1994 mit einem Rückzug, sodass die Grünen nur noch im Parlament von Sachsen-Anhalt mitmischen können.

Schließlich stellt der Realpolitiker Fischer mit seinen allzu bereitwilligen Konzessionen die Partei vor eine Zerreißprobe.

1999 ist er im Kabinett von Gerhard Schröder Vizekanzler sowie Außenminister und befürwortet eine Beteiligung am Kosovo-Krieg. Der erste Kriegseinsatz deutscher Soldaten nach dem Zweiten Weltkrieg – ein Tabubruch. Nicht nur in der eigenen Partei. Die friedensbewegten Grünen sind endgültig in der politischen Realität angekommen und verabschieden sich von ihrem Pazifismus, spätestens als sie Ende 2001 im Bundestag für den Afghanistan-Einsatz stimmen. Es wird nicht der letzte Grundsatz sein, den sie aufgeben. Seither treibt die grünen Freunde an der Basis die Frage um, wie weit Zugeständnisse einer Partei gehen dürfen, die sich einmal den Leitsatz »ökologisch, sozial, basisdemokratisch, gewaltfrei« auf die Fahnen geschrieben hatte. Darf man die urgrünen Ideale verraten? Um der Macht willen?

Macht oder Moral?

Gegen etwas zu sein, funktioniert nur, solange man nicht in der Verantwortung ist. Reale Politik erfordert schmerzhafte Kompromisse. Ein Programm muss her, das Antworten findet auf die drängenden Fragen, die an die im Bund mitregierenden Grünen herangepeitscht werden, und sich den veränderten Bedingungen anpasst.

Als Robert Habeck 2002 Mitglied bei den Grünen wird, hat sich die Partei gerade ein neues Grundsatzprogramm gegeben, das dritte nach dem Gründungsprogramm von 1980 und dem von 1993, das nach der Fusion von Bündnis 90 und den Grünen formuliert worden war.

Das neue Grundsatzprogramm modifiziert die Reihenfolge der Grundwerte der Partei. »Ökologie, Selbstbestimmung, erweiterte Gerechtigkeit und lebendige Demokratie« rangieren jetzt vor dem Eintreten für »Gewaltfreiheit und Menschenrechte«.[9] Mit »erweiterter Gerechtigkeit« ist die »zukunftsfähige Verbindung von ökologischer, sozialer und wirtschaftlicher Entwicklung« gemeint, also die Verantwortung heutiger Politik für die Lebenschancen künftiger Generationen. Der Fokus richtet sich nun neben dem Umweltschutz also auch auf die Wirtschafts-, Finanz-, Sozial- und Bildungspolitik.[10]

Seit Rot-Grün unter Gerhard Schröder im Jahr 2005 abgewählt wurde, hat sich die einstige Anti-Parteien-Partei zur Reform-Partei gewandelt, die sich schleichend von ihren Grundsätzen und einer Fixierung auf Rot-Grün verabschieden wird.

Der GAU von Tschernobyl 1986 hatte der Antiatomkraftbewegung viele Mitstreiter eingebracht. Im März 2011 wurde der Welt das verheerende Potenzial der Kernenergienutzung erneut vor Augen geführt. Kurz nach der Reaktorkatastrophe von Fukushima legt Winfried Kretschmann in Baden-Württemberg mit 24,2 Prozent einen sensationellen Wahlerfolg hin. Zwar vereint die CDU in dem konservativ geprägten Land weiterhin weitaus die meisten Stimmen auf sich, muss die Regierungsverantwortung jedoch an eine grün-rote Koalition abgeben. Und Kretschmann wird zum ersten grünen Regierungschef eines deutschen Bundeslandes. Damit sind die Grünen endgültig zu einer politischen Kraft geworden, der ihre wachsende Klientel ein beherzteres Zupacken bei den Zukunftsfragen zutraut. Schon längst sind die Ökos keine Spontis mehr und in der saturierten, gebildeten, aufgeklärten bürgerlichen Mitte angekommen. Die Mini-Variante einer Volkspartei.

Doch schon 2013 kommt das schweißnasse Erwachen im Bund. Das Spitzen-Team aus Katrin Göring-Eckardt und Jürgen Trittin erweist sich beileibe nicht als Traum-Duo. Bei den Bundestagswahlen, bei denen erstmals die Alternative für Deutschland antritt, sacken die Zahlen mit minus 2,3 Prozentpunkten deutlich unter die 10-Prozent-Marke. Wieder klappt es nicht mit einer Regierungsbeteiligung, Schwarz-Gelb regiert. Die Grünen landen gemeinsam mit den Sozialdemokraten und der Linkspartei auf der Oppositionsbank.

Einziger Hoffnungsschimmer ist nach einem viele Monate andauernden Stimmungstief der Hyper-Realo Winfried Kretschmann, mit dessen Regierungsstil das Ländle offenbar so glücklich ist, dass er 2016 noch einmal auf über 30 Prozent zulegen und im Amt bleiben kann. Das bedeutet, da geht noch was, wenn man es nur richtig anstellt.

Für seine ehrgeizigen Pläne, nach Berlin zu wechseln, braucht Habeck ein Mandat für den Bundestag und muss sich den Listenplatz zwei der Nord-Grünen sichern. Durch das Frauenstatut sind Platz eins und drei Frauen vorbehalten. Und bei den vergangenen Wahlen haben es nur die ersten drei Bewerber der grünen Landesliste in Schleswig-Holstein in den Bundestag geschafft. Auf Platz zwei gilt Konstantin von Notz als gesetzt. Der Rechtsanwalt aus Mölln sitzt für die Grünen seit 2009 im Bundesparlament, ist Fraktionsvize und hat sich als fitter Netzpolitiker und sachlicher Pragmatiker vor allem im NSA-Untersuchungsausschuss über die Parteigrenzen hinweg und in der öffentlichen Wahrnehmung profiliert.[11]

Doch nun werden die beiden Freunde zu Konkurrenten. Wenn Habeck sich mit seinen Ambitionen durchsetzt, könnte es für von Notz das vorläufige Ende seiner bundespolitischen Laufbahn bedeuten. Habeck will mit aller Macht in die Hauptstadt stürmen, auch um den Preis, dabei einen alten Freund beiseitezudrängen. Ob eine Freundschaft das aushält? Von Notz gibt sich in einem Interview im Sommer 2015 zuversichtlich: »Ich mag Robert unheimlich gern, wir schätzen uns sehr – das verschwindet durch eine solche Konstellation nicht.«[12]

Zwar könnten die Nord-Grünen, deren Votum Habeck sich noch holen muss, beim kommenden Landesparteitag das Frauenstatut ausnahmsweise lockern und Platz eins und drei der Landesliste für die Bundestagswahl mit zwei Männern besetzen, doch noch weiter verändern will der Landesvorstand das grüne Profil keinesfalls.

Also einigen sich die beiden Kumpels im Juni 2015 auf einen Deal. Sollte Habeck sein Ziel erreichen und sich bei der Urwahl zum Spitzenkandidaten im Januar 2017 gegen Cem Özdemir und Anton Hofreiter durchsetzen, macht Notz den zweiten Listenplatz in Schleswig-Holstein für ihn frei, sodass sein Landsmann in den Bundestag einziehen kann. Sollten die Grünen in Kiel nach den Landtagswahlen im Mai 2017 abermals mitregieren können – die Chancen dafür stehen gut –, dann, so ein mögliches Szenario, könnte von Notz im Gegenzug Habeck auf dem Posten als stellvertretender Ministerpräsident folgen. Andernfalls bliebe alles beim Alten.

Das heißt: nicht alles. Denn sollte Habeck scheitern, so lässt er seine Parteifreunde im Norden wissen, soll es für ihn keine Rückkehr in die Landespolitik geben. Er setzt alles auf eine Karte und könnte alles verlieren. Vielleicht sogar eine Freundschaft, denn in einem anderen Interview mit der *FAZ* klingt von Notz zumindest nachdenklich: »Ich hoffe, dass es der Freundschaft nicht schaden wird.«[13]

Im April 2016 treffen sich die Delegierten zur Konferenz in Neumünster. Robert Habeck ist gut vorbereitet und hofft auf die Nominierung seiner Parteifreundinnen und -freunde für die Urwahl der Spitzenkandidaten für die Bundestagswahl 2017.[14] In seiner knapp zwanzigminütigen, leidenschaftlichen Rede erklärt er, wie er die Nabelschau der Bundes-Grünen beenden und die Partei in ein echtes Angebot verwandeln will. Wie er nach Jahren des Protests und dem Projekt Rot-Grün eine dritte Phase einläuten wolle, indem er aus Bündnis 90/Die Grünen eine Orientierungspartei macht, die »nicht immer besser weiß und allen vorschreibt, was sie zu tun haben«, sondern sich als Anwältin der Menschen versteht.

Der Funke zündet, er reißt die Nord-Grünen von den Sitzen. Nach nicht enden wollendem Applaus will Habeck noch »persönlich werden«: »Ehrlicherweise interessiert mich die Spitzenkandidatur gar nicht. Was mich vielmehr interessiert ist, dass die Grünen zu einer Partei werden, zu der sich die progressiven ... die wirklich coolen Leute, die nach vorn denken, sich ganz selbstverständlich ... bekennen.« Ist so viel persönliche Zurückgenommenheit angesichts der weitgesteckten Ziele glaubwürdig? Diejenigen, die den Mann zu kennen glauben, der gegen erfahrene Parteigrößen wie Cem Özdemir und Anton Hofreiter antreten will, nehmen es ihm jedenfalls ab. Robert Habeck gehe es nicht um selbstbezüglichen Ruhm oder eigene Interessen. Er sei durchaus von seinen Talenten überzeugt, setze aber mit großem Ernst darauf, die Menschen für die Vision von einem modernen, ökologischen Land, in dem Toleranz und Offenheit gelebt werden, zu begeistern. In dem individuelle Freiheit Gestaltungsmöglichkeiten eröffnet. Denn nur so sei eine Entwicklung möglich.

Die Partei ist sein Projekt, er will sie verändern. Er will weiter denken. Und größer. Und dabei die ganze Gesellschaft mitnehmen. Eine Mission, die Mut brauchen wird. Und Menschen, die an seine Vorstellungen genauso fest glauben wie er.

Trommeln hilft

Robert Habeck ist nun 46 Jahre jung. Er benutzt gern jugendsprachliche Wörter wie krass oder cool, wirkt lässig und ist somit für die nachfolgende Generation attraktiv. Auch der Kieler Malte Blockhaus findet den Politiker mit dem Out-of-bed-Look faszinierend. Der junge Videojournalist war Habeck bei der Landtagswahl 2012 erstmals begegnet. Was dem Filmemacher nachhaltig in Erinnerung blieb, war »die Mischung aus Offenheit und Zugewandtheit bei entschlossener Professionalität«.[15] Nachdem sich der Landesminister für Berlin in Stellung gebracht hat, will Blockhaus ihn beim Warmlaufen für die Grünen-Urwahl im Januar 2017 dokumentarfilmisch begleiten. In *Following Habeck* konzentriert sich der Filmemacher ganz auf den politischen Alltag seines ambitionierten Protagonisten.[16] Er zeigt ihn bei den Auftritten auf den unterschiedlichsten Bühnen, auf denen Robert Habeck »fast immer, den richtigen Ton, die richtige Ansprache fand«. Ob bei einem Grußwort in der Kirche, bei den Gesprächen mit seinen Mitarbeitern im Ministerium, im Interview mit einer Abiturientin, im Streit mit aufgebrachten Krabbenfischern oder bei der Verleihung von Verdienstorden. »Hierbei nie vom Zettel abzulesen, sondern sich immer in die jeweilige Situation hineinzudenken und dann so aufrichtig als möglich zu agieren – das scheint mir eine der auffälligsten politischen Charakterzüge Habecks zu sein«, sagt Blockhaus. Er kommt dem Politprofi nahe, der aber bittet ihn, alles Persönliche auszusparen. Persönlich wird es dann schon, wenn auch nicht privat.

So dürfen die Zuschauer in das Amtszimmer blicken, von wo er seine Geschäfte leitet, wenn er mal nicht draußen unterwegs ist. Sie lernen, dass der Minister gern die Treppe in den zehnten Stock hinaufsteigt, wann immer es geht – »Ehrensache«. Und sie lernen etwas über die Sorgen der Mächtigen, die sich – eiserne

Lektion in Sachen Selbstmarketing – nie in einem Fahrstuhl filmen oder fotografieren lassen. Denn wer weiß, sollte es einmal nicht mehr so gut laufen, wären solche Bilder in der Welt womöglich untertitelt mit »Jetzt geht es abwärts«.

Denn erst einmal soll es für Robert Habeck nach oben gehen. Möglichst schnell und steil. Auch wenn er im Mai 2015 vor laufender Kamera in Kiel noch betonte. »Ich will hier nicht weg. Aber ich will auch nicht den verraten, der ich als Politiker sein will.«

Was tun, wenn man einfacher Minister in einem Bundesland ist, das in der öffentlichen Wahrnehmung vordergründig mit einer Sommerfrische an Nord- oder Ostsee und weniger mit politischen Schwergewichten verknüpft ist, die eines Tages in nicht allzu weiter Ferne mit auf der Regierungsbank im Bundestag sitzen und die Geschicke der Republik in die Hand nehmen wollen? Laut trommeln. Unüberhörbar.

Robert Habeck genießt es, ganz vorn mitzuspielen. Mit Lust und Leidenschaft und der Selbstgewissheit, jemand zu sein, der mit seiner Klugheit und Weitsicht die wirklich wichtigen Debatten anstoßen kann. Damit die Menschen jenseits der schleswig-holsteinischen Landesgrenzen davon etwas mitkriegen, macht er Reklame für sich. In den sozialen Netzwerken wie Facebook und Twitter. Und Instagram. Dort schreibt er am 8. August 2015, garniert mit einem Foto von sich im lila T-Shirt, mit beigen Shorts, schwarzen Socken und Sneakers vor einer Graffitiwand: »Ab jetzt ist das mein Instagram-Account. Für die Fälle, wo Bilder mehr als Worte sagen.« Fortan sieht man ihn wahlweise mit dem Gallowaybullen »Moses« kuscheln, mit wilden Pferden schmusen, beim Urlaubswandern im Piemont, im Wahlkampf.

Den Umgang mit Journalisten muss er nicht lernen, er muss sie nur füttern. Denn sie mögen ihn eh, den Philosophen, den Schriftsteller, Politiker und Minister, der zudem noch ein bekennender Familienmensch ist. In zahlreichen Interviews gewähren seine Frau und er intime Einblicke in das gemeinsame Leben als Paar und Familie. In Schleswig-Holstein hat er es noch mit der wohlwollenden Spezies von Journalisten zu tun, die dankbar ist für jeden Moment der Privatheit, den die beiden zu teilen bereit sind. Schon ein paar Jahre später wird Robert Habeck eifrig bemüht sein, seine Familie und das private Umfeld gegen die mediale Neugier hermetisch abzuschirmen.

Auf seiner Homepage www.robert-habeck.de gibt er einen Überblick über seine Romane und Erzählungen im Autoren-Duett mit Andrea Paluch sowie über sein Amt und seine Ambitionen, in einem Blog teilt er seine Ein- und Ansichten. Seit er Minister wurde, ist er Schriftsteller im selbst verordneten Ruhestand. Da liegt es nahe, über den politischen Alltag hinausreichende Gedanken und komplexere Zusammenhänge in einem Buch darzulegen. Wie er selbst sagt, sei es auf seinen langen Wahlkampfreisen im Winter 2015/16 entstanden. Dort habe er eine Art des Alleinseins erfahren, die er über die Jahre vergessen hatte, ohne das Sich-kümmern- und Achtgeben-Müssen, dass bloß den Kindern nichts passiere. Das Auf-sich-selbst-zurückgeworfen-Sein habe ihm den Weg freigemacht zum Innehalten, Nachdenken, Reflektieren.[17] Über das, was ist und wie es sein könnte.

Mehr Mut

In seiner »politischen Biografie« *Wer wagt, beginnt* lässt der Familienvater, Landesvize und hoffnungsvolle Bewerber um die grüne Spitzenkandidatur die Leser auf knapp 300 Seiten auf seine durch eigenständige Realpolitik geprägte und vom Gedanken der Freiheit getragene Welt blicken.[18] In dieser, so Habeck, übernehmen die Grünen nicht weniger als eine »historische Aufgabe«. Nämlich die, eine ökologische Moderne vorzubereiten, in der Ressourcenverbrauch von Wohlstand entkoppelt ist, und man ohne Verbrennung von Öl und Kohle auskommt. Er beschreibt eine Ära, in der eine offene Gesellschaft nicht nur die vereinten Nationen Europas im Blick hat, sondern für globale Handelsbeziehungen sorgt, die nicht zugunsten eines kurzfristigen Profits auf längere Sicht Fluchtursachen produzieren, und sich für weltweite Gerechtigkeit stark macht.[19] Eine Vision freilich, die nur mit dem Mut zu Kompromissen zu verwirklichen sei.

Als ein Beispiel führt er seine Unterstützung für das Asylpaket I an, das die Ausweitung der sicheren Herkunftsstaaten auf die Länder des westlichen Balkans vorsieht.[20] Er habe dem entgegen seiner parteilichen Überzeugung zugestimmt, was ihm einige, selbst nahestehende Parteifreundinnen und -freunde nachhaltig übelgenommen haben. Doch wer mitgestalten wolle, müsse zu Zugeständnissen bereit sein. »Mit völlig sauberen Händen kommt man aus der Sache nicht raus«, schreibt er.

An anderen Stellen verdeutlicht er moralische Dilemmata, um deren Lösung gerungen werden muss. Etwa die Tatsache, dass die in Deutschland lebenden Menschen mit rund 11,7 Prozent ihres Haushaltsnettoeinkommens weltweit relativ am wenigsten Geld für Nahrung ausgeben, dieser Umstand gleichwohl den Wohlstand im Land bedinge, der ihnen die Teilhabe an Kultur und Bildung, aber auch alltäglichen kleinen Luxus wie Smartphones ermögliche. Die Menschen hätten ein Recht darauf – und das gehe nun einmal mit dem Verbrauch von Ressourcen einher. So lautet sein realitätsnahes, aber doch grünenfernes Fazit.

Wie sich dieses Verständnis mit von ihm so benannten Missständen vereinbaren lässt, die etwa der Fleischkonsum mit sich bringt, bleibt in seinem leidenschaftlichen Plädoyer offen. Stattdessen wirft er den Öko-Fundamentalisten seiner Partei vor,[21] eine nicht zeitgemäße Haltung zu vertreten und übergeordnete Wahrheiten durchsetzen zu wollen.[22] Demokratische Politik bestehe nach seinem Verständnis im Abwägen von Werten und nicht im Durchsetzen starrer Regeln.

Mit seinem Buch liefert er viele Denkanstöße. Konkrete Ansätze, wie die Dilemmata aufzulösen wären, in denen die Gesellschaft steckt, bleibt Habeck noch schuldig. Er wird sie finden und sich zusammen mit den Parteifreunden auf gemeinsame Werte und Positionen einigen müssen. Sofern er tatsächlich aus dem Stand den Sprung nach Berlin schafft.

Während Robert Habeck in seinem Buch zu einem Diskurs über Werte und deren Verrückbarkeit einlädt, bringt sich sein parteiinterner Konkurrent Anton Hofreiter schon mal für einen potenziellen Ministerposten in Stellung. Nur für den Fall, dass er das Rennen um die Spitzenkandidatur gewinnt und es bei der nächsten Bundestagswahl mit einer Regierungsbeteiligung klappen sollte. »Toni«, wie die Grünen ihren Fraktionsvorsitzenden nennen, denkt gleichfalls weiter als bis zu den Grenzen Deutschlands oder Europas. Bisher galt Hofreiter als ausgewiesener Verkehrsexperte. In seinem Manifest *Fleischfabrik Deutschland. Wie die Massentierhaltung unsere Lebensgrundlagen zerstört und was wir dagegen tun können* schildert er die globalen Auswirkungen der deutschen Fleischeslust.[23] Damit widmet er sich dem urgrünen Reizthema einer industrialisierten Landwirtschaft und liefert in seiner »öko-fundamentalistischen« Streitschrift gleich konkrete Handlungsanweisungen mit.

Die Mühe, bundesweit wahrgenommen zu werden, muss sich Cem Özdemir nicht machen. Der seit 2008 amtierende Grünen-Chef, ein waschechter baden-württembergischer Realo, ist als gefragter Gast in Talkshows präsent, seine unaufgeregte Art kommt gut an – nicht nur bei Grünwählern.

Am letzten, knackig kalten Januarwochenende 2017 entscheiden die Grünen darüber, mit welchem Spitzen-Duo sie in die Bundestagswahl im Herbst 2017 starten wollen. Hofreiters Co-Fraktionschefin, die bürgerrechtsbewegte Katrin Göring-Eckardt, gilt als Frau gesetzt. Die Delegierten haben noch die Wahl zwischen prinzipientreuer Öko-Ideologie und pragmatischer Realpolitik. Zwischen dem stromlinienförmigen Özdemir, dem bajuwarisch handfesten Hofreiter und dem Außenseiter Habeck, der im Gegensatz zu seinen Mitbewerbern jedoch schon Regierungserfahrung hat und verbindlicher wirkt.

Habeck reist aus Kiel in die Hauptstadt. Vor der Kamera von Malte Blockhaus gibt er sich zerknirscht bis ungehalten. In den Umfragen lägen die Bündnisgrünen bei 9 Prozent, als Koalitionspartner kämen sie für niemanden in Frage, mal abgesehen davon, dass keiner Lust habe, sich mit ihnen in ein Boot zu setzen, sagt Habeck, der den Kahn, so wie früher schon einmal auf Kreis- und Landesebene, unbedingt wieder flottmachen will.

Bei der entscheidenden Urwahl in Berlin zünden seine Ideen nicht. So recht trauen die gut 35.000 abstimmenden Parteifreundinnen und -freunde[24] ihm das nicht zu. Noch nicht. Habeck scheitert mit einem Achtungserfolg. Cem Özdemir gewinnt. Hauchdünn mit nur 75 Stimmen. Ein knappes Ergebnis, das nicht mehr nur die Feuilletons, sondern auch die politischen Ressorts der Medien auf den Außenseiter aufmerksam macht. Und einen aufatmen lässt, der ebenso ehrgeizig ist wie sein Landsmann und (Ex-)Freund: Konstantin von Notz. Der kann in Berlin bleiben.

Und Habeck? Der würde im Moment der gescheiterten Hoffnung wohl gern loslassen. Er sagt von sich selbst, er sei ein schlechter Verlierer.[25] Er, der früher oder später zumindest immer Teilerfolge errungen hat, wird sich an Niederlagen gewöhnen müssen. Nur abfinden wird er sich damit nicht. Im Augenblick brauchen ihn seine Parteifreundinnen und -freunde in Schleswig-Holstein, wo die Grünen viel Zuspruch erhalten. Weil einer wie Habeck an ihrer Spitze steht. Dass er offiziell nicht Spitzenkandidat ist, kümmert niemanden. Außer ihn selbst.

Projekt Jamaika

Nütschanix – nützt ja nichts. Es muss weitergehen. Habeck wird sich schon wieder berappeln und krempelt erst einmal die Ärmel auf, denn er will die Nord-Grünen nicht hängen lassen. Der stellvertretende Ministerpräsident tingelt in Grünen-grüner Softshelljacke über Wochenmärkte und Marktplätze, um Werbung dafür zu machen, dass seine Partei weiter mitregieren kann. Er wird mit offenen Armen umfangen. Die Menschen da draußen, ob jung oder alt, sie lieben den sympathischen Herrn Habeck. Viele von ihnen vertrauen ihm. Mancher hingegen nicht so ganz. Seit er mit Berlin geflirtet hat, beschleicht einige der Verdacht, er habe kein Interesse mehr an seinem Land.[26] Andere wünschen sich, er möge eine gewichtige Rolle in Berlin spielen. Er gibt sich gewohnt locker, doch das Feuer in seinen Augen ist nach den Strapazen der letzten Wochen vor Erschöpfung erloschen. Er braucht jetzt erst einmal Ferien. Aber aufgeben? Das kommt nicht in Frage.

In den Umfragen stehen die Nord-Grünen kurz vor den Landtagswahlen mit 12 Prozent sehr passabel da, auch wenn die Umfragen schon besser waren. Die Spekulationen um einen möglichen Wechsel Habecks nach Berlin in einem zweiten Anlauf reißen jedoch nicht ab. Darauf angesprochen, antwortet er der Deutschen Presse-Agentur (dpa):[27] »In Schleswig-Holstein sagt man zu so was Tühnkram und Spökenkiekerei«. Im Plattdeutschen meint »Tühnkram« so viel wie »Unsinn«; »Spökenkiekerei« kann – je nach Region – ebenso »Gespenstermalerei« wie »Hellseherei« bedeuten. Den meisten Politikinsidern ist klar, dass sich ein Robert Habeck nicht einfach so geschlagen gibt. Er wärmt sich schon für einen zweiten Anlauf auf. Doch jede zu früh verkündete Wechselabsicht könnte einen wahrscheinlichen Wahlerfolg auf Landesebene schmälern.

Großartig, umwerfend, kurz: »krass« ist das Ergebnis der Landtagswahlen in Schleswig-Holstein am Sonntag, 7. Mai 2017: Die

Nord-Grünen mit ihrer Spitzenkandidatin Monika Heinold haben zwar leichte Verluste eingefahren, erzielen jedoch mit 12,9 Prozent der Zweitstimmen ihr zweitbestes Ergebnis seit Gründung. Der Jubel ist grenzenlos. Zumal die Piraten-Partei rasch wieder in der politischen Bedeutungslosigkeit und damit aus dem Kieler Landtag verschwunden ist. Doch mittlerweile sorgen sich die Bürger des Landes und der Republik weniger um ökologische Themen. Die Schleswig-Holsteiner ächzen wie der Rest der Republik unter den Herausforderungen, vor die Angela Merkels flüchtlingsfreundliche, von den Grünen begrüßte Politik sie gestellt hat. Wie in anderen Bundesländern auch hat die Alternative für Deutschland (AfD) am rechten Rand der Gesellschaft nach Stimmen gefischt. Gewinner dieser Wahl sind diejenigen, die den um ihre Sicherheit besorgten Bürgern das Versprechen geben, sich um ihre Belange zu kümmern. Die CDU, die sich ganz auf das Thema innere Sicherheit fokussiert hat, liegt 4,7 Prozentpunkten vor der SPD. Doch die Christdemokraten dürften ebenso erschrocken sein wie die anderen bisher im Landtag vertretenen Fraktionen, als die AfD aus dem Stand mit 5,9 Prozent der Wählerstimmen in das Landeshaus einzieht.

Für eine Neuauflage der Küstenkoalition mit den Sozialdemokraten und dem Südschleswigschen Wählerverband wird es nicht reichen. Die SPD liegt nach Verlusten bei 27,3 Prozent, der SSW bei 3,3 Prozent. Die CDU kann sich unter dem neuen Spitzenkandidaten Daniel Günther mit 32 Prozent erholen. Die FDP freut sich mit 11,5 Prozent über satte Zugewinne. Doch auch für Schwarz-Gelb wird keine Mehrheit zustande kommen.

Nun wird es so kommen, wie hinter vorgehaltener Hand schon länger getuschelt wird.

Nach dem Aus der Küstenkoalition öffnet sich ein neuer Horizont. Die FDP unter Wolfgang Kubicki hat schon vor Monaten spekuliert, dann deutlich signalisiert, die Liberalen seien offen für Jamaika.

Das liegt aber weniger an den Bundes-Grünen, deren Spitzenkandidatin Katrin Göring-Eckardt er eine »moralische Impertinenz« bescheinigt, die ihm auf den Senkel gehe. Der als Alphatier bekannte Vize der Bundes-FDP hat speziell Gefallen an Robert Habeck gefunden. Denn dieser Grüne verfügt über eine ihm ähnliche Fähigkeit, von einer Metaebene aus auf das politische Geschehen zu blicken.

Es heißt, Kubicki habe eine ganze Weile zuvor schon einmal oder sogar häufiger seine Fühler zu den Grünen ausgestreckt. Auch der künftige Ministerpräsident Daniel Günther und Habeck schätzen sich, politisch wie privat. Zwar liegen Schwarz, Gelb und Grün programmatisch Meilen entfernt voneinander. Aber mit gutem Willen und einer gehörigen Portion Zugeständnissen sollte sich doch eine gedeihliche Zusammenarbeit entwickeln können?

Im Saarland hatte Annegret Kramp-Karrenbauer das erste Bündnis dieser Art auf Landesebene (2009 bis 2012) zwar fünf Jahre zuvor vorzeitig aufgekündigt. Ursache dafür war aber nicht etwa ein Verhaken mit den Grünen über den gemeinsamen Kurs, vielmehr scheiterte das Projekt an den Rangeleien innerhalb der FDP-Fraktion.[28] Nun wollen die Nordlichter beweisen, dass sich Ökonomie und Ökologie durchaus miteinander verbinden lassen.

Die Nord-Grünen fremdeln mit einer solchen Konstellation, doch zu groß ist der Reiz für Habeck, es auszuprobieren. Selbst auf die Gefahr hin, ein Drittel der Mitglieder zu verlieren.[29] Denn die Grünen sollen zu einer Orientierungspartei werden. Jetzt, wo die Sozialdemokraten nicht mehr im Spiel sind und auch bundesweit in der Bedeutungslosigkeit zu verschwinden drohen. Die Grünen sollen zu einem Auffangbecken werden, in dem sich auch jene wiederfinden, deren Herz für soziale Gerechtigkeit schlägt, die sich gute Bildung wünschen und sich nach mehr Zusammenhalt in der Gesellschaft sehnen. Sie wollen nun, da die ökologischen Anliegen zunehmend von der bürgerlichen Mitte geteilt werden, verstärkt sozialdemokratische Themen besetzen und sich als »strukturierende Kraft im progressiven Lager« positionieren. Damit ihnen nicht dasselbe droht, wie jetzt der SPD: dass ihnen die Themen ausgehen.

Abschied auf Raten

Jetzt wird ein frisches Jamaika-Bündnis geschmiedet, das den Traum des FDP-Bundesvize Kubicki verwirklicht und vielleicht sogar als Matrix für die Bundesebene taugen könnte.

Mit Daniel Günther, Robert Habeck und Wolfgang Kubicki sitzen drei Verhandlungspartner am Tisch, die einander kennen und sich trotz unterschiedlicher Auffassungen vertrauen. Schwarz-Grün-Gelb dürfte sich in den Ressorts Soziales, Finanzen, Wirtschaft, Wissenschaft weitgehend einig sein. Die größten Reibungspunkte finden sich in der Innen- und Flüchtlings-, in der Verkehrs- und Bildungs- sowie der Energie-, Landwirtschafts- und Umweltpolitik. Um sich anzunähern, werden die Grünen wohl zähneknirschend den Weiterbau der A20 samt Elbtunnel tolerieren müssen. Sie werden zudem das Ja der schwarz-gelben Vorvorgängerregierung zur Fehmarnbelt-Querung mittragen müssen. Im Gegenzug könnten sie die Zusage erhalten, den Schienen- und Radverkehr weiter auszubauen. Und es gibt erste Zugeständnisse an die Grünen, die humanitäre Flüchtlingspolitik beizubehalten, sofern sich die Verantwortung für besonders neuralgische Themenbereiche nicht auf Bundestag und Bundesrat verlagern lässt. Ähnliches gilt auch für Umwelt-, Natur- und Artenschutzbelange, bei denen ohnehin weitgehend das EU-Recht greift.

Die Zuständigkeiten sind abgesteckt. Für die FDP sind die Ressorts Soziales und Gesundheit vorgesehen, sowie Wirtschaft und Verkehr. Die Grünen sollen die Ressorts Umwelt und Finanzen behalten. Doch weitere Verhandlungen zwischen Grünen und Liberalen gestalten sich zäh.

Nach der Wahl treffen sich die Grünen zuerst mit der FDP, denn in deren Positionen liegen erwartungsgemäß die größten Knackpunkte. Doch Habeck, der lieber nach Gemeinsamkeiten als nach Trennendem sucht, erreicht rasch einen Konsens über potenziell strittige Themen wie ein Integrations- und Einwanderungsgesetz und im Umgang mit der Sicherheitspolitik und Freiheitsrechten. Da scheinen die zu erwartenden Differenzen bei den Umwelt- und Energiethemen überbrückbar zu sein.

Bei den Verhandlungen zum Umwelt- und Agrarteil des Koalitionsvertrages sitzt auch Dennys Bornhöft mit am Tisch, damals mit 31 Jahren jüngster Landtagsabgeordneter der FDP. In dessen Büro im Kieler Landeshaus stehen Schreibtisch und Stuhl, ein runder Tisch für kurze Besprechungen, dazwischen eine Zweisitzer-Couch zum Zwischendurch-mal-Niederlümmeln. Auf einem Sideboard ein Aquarium. Angesichts der trüben Brühe fragt man sich besorgt, wann der junge Mann den Fischen, die darin schwimmen sollten, aber einfach nicht mehr zu sehen sind, wohl zuletzt Sauerstoff zugeführt hat. Als habe er die Gedanken erraten, klärt Bornhöft auf. Er experimentiere mit biologisch abbaubarem Kunststoff und wolle beobachten, wie rasch sich Becher, Schalen und Löffel aus Bioplastik in original Fördewasser auflösen.

Der Versuch läuft seit sechs Monaten. Und was hat sich getan? Nichts Nennenswertes. »Sogenanntes Bioplastik braucht Monate, mitunter sogar Jahre, um komplett zersetzt zu werden.« Der blonde Abgeordnete startet gern mal den einen oder anderen Selbstversuch, um sich fitzumachen für das politische Parkett. In seiner Fraktion kümmert er sich unter anderem um Soziales, Umwelt, Klima, Tierschutz und Fischerei. Er kann also mitreden bei den habeckschen Themen und erinnert sich:

»Robert Habeck eröffnete die Gespräche zu den Koalitionsverhandlungen sehr strukturiert und klar in der Aussage. Ihm sei durchaus bewusst, dass wir nur ein Ergebnis erzielen, wenn jede Partei, die am Tisch sitzt, ihren Teil bekommt. Er sei durchaus zu Kompromissen bereit, obwohl es sicher schwer werde für seine grüne Parteibasis, da mitzuziehen. Dennoch blieb er in der Sache fest, und wir sind bei einigen Themen ordentlich aneinander gerasselt. Ein Knackpunkt etwa war der Windkraftausbau. Wir wollten einen größeren Abstand zur Wohnbebauung, die Grünen einen geringeren mit höherer Gigawatt-Leistung. Darüber haben wir uns so verhakt, dass durch die Parteivorsitzenden ein Kompromiss gefunden werden musste.

Robert Habeck ist pragmatisch, wenn er mit seinen Maximalforderungen nicht durchkommt. Aber auch trickreich. Wir hatten uns gleich zu Beginn der Verhandlungen darauf verständigt, dass die Themen in den Fraktionen nicht noch einmal aufgemacht werden, wenn sich die Unterhändler – jeweils drei aus den beteiligten Parteien – geeinigt haben. Federführend bei den Verhandlungen waren jene, die später das Ministerium bekommen sollten. Von den Koalitionspartnern wurden in den einzelnen Ressorts entsprechend größere Zugeständnisse erwartet. Im Ausschuss Wirtschaft und Verkehr gab es im Wesentlichen drei harte Streitthemen: die feste Fehmarnbelt-Querung, den weiteren Ausbau der A 20 und das Kitesurfen an der Westküste. Nach hartem Ringen und einigen Kompromissen waren wir uns irgendwann über alle Eckpunkte einig. Allerdings gab es bei den Grünen einen von uns liebevoll sogenannten Wächterrat. Darin saßen gefühlt fünfzig Leute aus den Kreisverbänden, die sich noch einmal alle Verhandlungsergebnisse hatten vorlegen lassen. Denen erschien das von allen Ausschussmitgliedern mühsam erkämpfte Paket als zu FDP-lastig. Am nächsten Tag kamen die Landesvorsitzenden der Grünen als deren Verhandlungsführer und meinten, es gäbe da so ein paar semantische Geschichten, die sie gern noch ändern würden. Aber das Einfügen von einem ›nicht‹ in gleich mehreren Sätzen kann mal wohl kaum als ›semantische Korrektur‹ bezeichnen. Es macht einen Unterschied, ob dasteht ›Die A20 wird gebaut‹ oder ›nicht gebaut‹. Diese massiven Änderungswünsche einer zuvor geeinten Arbeitsgruppe führten zu einer mehrtägigen Verhandlungspause – sogar das Scheitern der Koalitionsgespräche lag in der Luft. Am Ende wurden die meisten Änderungswünsche seitens der Grünen wieder fallengelassen. Daher habe ich Robert Habeck als pragmatischen, fairen Verhandlungspartner kennengelernt, auf den man sich verlassen kann.«[30]

Nach den mühsamen, auch dank der um Ausgleich bemühten Moderation durch Daniel Günther am Ende doch gelungenen Koalitionsverhandlungen steht der Regierungsvertrag. Selbst Wolfgang Kubicki ist voll des Lobes. Reformen könne man mit der Öko-Partei »mit Sicherheit sinnvoller verhandeln als mit der Union«, sagt er in einem Zeitungsinterview mit dem Redaktionsnetzwerk Deutschland (RND).[31] Der bisherige CDU-Fraktionschef Günther, der innerhalb seiner Partei kurzfristig in die Kritik geraten war, weil ihm eine nicht unerhebliche Beteiligung am Sturz Christian von Boettichers nachgesagt wurde, wird Ministerpräsident. Sein Stellvertreter: Habeck, der nun auch erneut Minister für Energiewende, Landwirtschaft, Umwelt und Natur (statt ländlicher Räume) wird. Er bekommt mit der Digitalisierung, einem der bedeutenden Zukunftsthemen, auch im von weiten ländlichen Räumen geprägten nördlichsten Bundesland, noch einen Aufgabenbereich dazu. Mit dem erweiterten Ressort soll er nun einen monströsen Apparat leiten, der in Berlin auf drei Ministerien verteilt ist.

Die »Troika von der Förde«[32] wird die wohl geräuschloseste Legislaturperiode des Landes prägen, aus der einer bald ausbrechen wird. Denn Robert Habeck aber setzt seinen Abschied auf Raten aus der Landespolitik fort.

Die Hauptstadt ruft

Für die Medien ist der alte und neue Draußenminister Schleswig-Holsteins längst nicht mehr nur ein promovierter Philosoph und Schriftsteller, der sich irgendwie in die Politik verirrt hat, sondern ein geistreicher, inspirierender Interviewpartner. Von Habecks Sympathiewerten dürften andere Politiker wohl nur träumen. Obwohl er manchem Landwirt zu viel »rumdenkt«, hat er »recht Vernünftiges geleistet«, wie Vize-Bauernpräsident Klaus-Peter Lucht meint. Eine Feststellung, die im Norden der Republik, wo man nicht viel Aufhebens um die Dinge und die Menschen macht, höchster Anerkennung gleichkommt. Robert Habeck hat den Grünen spürbaren Aufwind verschafft. Er hat den historischen »Muschelfrieden« mit den Fischern im Nationalpark Wattenmeer geschlossen. Er hat den Ausbau regenerativer Energien vorangetrieben. Und mit ihm wurde ein Regierungsbündnis geschmiedet, das als Blaupause für Berlin taugen könnte. Wenn, ja wenn sich Grüne, Union und FDP in der Hauptstadt ebenso grün wären wie in Kiel. Mit dieser Bilanz weist Robert Habeck sich als ein politisches Schwergewicht aus. Als einer, auf den man bauen kann. Als einer, mit dem man rechnen muss. Und auch mit mancher Überraschung.

Ende August 2017 ging die Jamaika-Koalition in Kiel auf Jungfernfahrt. Die Spekulationen um Habecks politische Ambitionen wollen nicht abreißen. Er versucht, sie mit dem Satz zu beenden: »Mein Lieblingsjob als Minister ist gerade erst verlängert worden, ich bin nicht auf Jobsuche.«[33] Das wird sich schon bald ändern. Die ganze Wahrheit liegt wie so oft im Ungesagten.

Bei den Bundestagswahlen im September gibt es ein böses Erwachen für die CDU/CSU und SPD. Die Unionsparteien fallen mit einem Minus von 8,6 Prozentpunkten weit unter die 40-Prozent-Marke und erzielen das schlechteste Ergebnis seit 1949; die herben Verluste der Sozialdemokraten betragen 5,2 Prozentpunkte.[34] Es war abzusehen gewesen, dass der Zuspruch der Wähler angesichts nicht enden wollender Querelen in der Großen Koalition und innerhalb der beiden großen Volksparteien sinken würde, die in Fragen der Rüstungs-, Renten- und Gesundheitspolitik weit auseinanderlagen. Der SPD-Kanzlerkandidat Martin Schulz, der seine Genossen noch Anfang des Jahres zu Traumumfragewerten von 32 Prozent führte, beschert seiner Partei durch ungeschicktes Agieren die schlechtesten Werte seit Gründung der Bundesrepublik. Und Bundeskanzlerin Angela Merkel hatte den Rückhalt in den Unionsparteien verloren. Nicht zuletzt wegen ihrer Flüchtlingspolitik. Um ihre Sicherheit besorgte und ratlose Bürgerinnen und Bürger liefen blindlings in die Arme der AfD, weil sie an das »Wir schaffen das« der Kanzlerin nicht glauben mochten. Eine Mutmachparole reicht eben nicht. Die Rechtspopulisten jubeln bei einem Ergebnis von 12,6 Prozent über ihren Einzug in den Bundestag. Ebenso die wirtschaftsliberale FDP mit einem satten Plus von 5,9 Prozentpunkten unter ihrem smarten Spitzenkandidaten Christian Lindner. Die Linke und die Grünen verzeichnen lediglich Spuren von Zugewinnen.

Eine Neuauflage der großen Koalition? Die soll es nicht geben. Die Bürgerinnen und Bürger haben das Modell, das in ihren Augen in den Stillstand führte, abgewählt. Die einzige angesichts des Wahlergebnisses mögliche Koalitionsoption, die zuvor nicht ausgeschlossen wurde, war ein Jamaika-Bündnis aus CDU/CSU, FDP und Grünen. Doch es ist zu erwarten, dass die Sondierungsgespräche nicht einfach werden. Wenn sie gelingen sollen, so

FDP-Vize Wolfgang Kubicki, müssen jene als Unterhändler mit am Verhandlungstisch sitzen, die gemeinsam mit ihm schon einmal einen Parforceritt durch unwegsames und programmatisch vermintes Gelände bestanden haben: Robert Habeck und Daniel Günther. Nun haben auch die Letzten verstanden, dass in der Provinz versteckt politische Talente schlummern, deren Kompetenz man sich im Bund zunutze machen könnte.

Die schleswig-holsteinische Troika streicht in den Sondierungen zwar ihr erfolgreiches Ringen um gemeinsame Positionen heraus, Leitideen hingegen, die auch im Bund funktionieren könnten, fehlen.

Während die in Deutschland lebenden Menschen gespannt bis entnervt einfach nur noch eines wollen – ein Ergebnis dieser quälend langen Gespräche, die am 19. November durch den überraschenden Abbruch seitens der FDP scheitern –, ist Robert Habeck gefühlt schon in der Hauptstadt angekommen.

In der aktualisierten Neuauflage seines Buches *Wer wagt, beginnt* hat Habeck ein Nachwort zugefügt, in dem er seine Enttäuschung über die geplatzten schwarz-gelb-grünen Sondierungsgespräche von 2017 aufarbeitet. Für deren Scheitern macht er selbstkritisch einen Mangel an verbindenden Leitideen ebenso verantwortlich wie den engen Spielraum, den zuvor gefasste Parteitagsbeschlüsse den Unterhändlern ließen. Vor allem die Indiskretionen, mit denen jede kleine Uneinigkeit per Kurznachricht in die Öffentlichkeit getragen wurde. Wer weiß, vielleicht hätte es mit dem Glauben an gemeinsame Visionen, ein wenig mehr Mut und Basta doch gelingen können? Doch nun bleibt Habeck nur die Erinnerung an vier Wochen, die »einer zu langen Klassenfahrt im zu engen Bus« glichen.[35]

Während Jürgen Trittin und Christian Lindner sich gegenseitig die Schuld am Scheitern der Sondierungen in die Schuhe schieben, ist Habeck entschlossen, nun selbst um Vertrauen in der Berliner Politik werben. Und zu beweisen, dass man an den Grünen, die nun schon seit zwölf Jahren in der Opposition sitzen, künftig nicht mehr vorbeikommen wird, wenn es um eine Regierungsbildung im Bund geht. Dafür bleiben ihm höchstens drei Jahre Zeit. Denn schon als die sich heftig gegen die Neuauflage einer großen Koalition sträubenden Unionsparteien und Sozialdemokraten erst nach einem Appell des Bundespräsidenten Frank-Walter Steinmeier endlich zusammenraufen, beginnen schon Spekulationen über deren vorzeitiges Ende.

Noch während der schwarz-roten Sondierungsgespräche im Dezember erklärt Robert Habeck, sich der Wahl der Bundesvorsitzenden der Grünen im Januar 2018 zu stellen. Wirklich überrascht war niemand, dass der nach den damaligen Umfragen beliebteste Grüne, doch vergleichsweise etwas spröde und leidenschaftslose Cem Özdemir, der Mann mit der längsten Amtszeit, nicht mehr antritt. Was aber hat Habeck, der nach eigenem Bekunden noch ein paar Wochen zuvor nicht auf Jobsuche war, plötzlich zu der Kehrtwende bewogen? Den Schleswig-Holsteinern, die ihn für einen Abtrünnigen halten, versucht er, es mit den Worten zu erklären: »Die wahre Treue ist, der Politik verpflichtet zu bleiben.«

Habeck verknüpft seine Kandidatur mit einer klaren Ansage. Sollten die Parteifreundinnen und -freunde ihm sein Votum geben, wolle er noch »Pi mal Daumen« ein Jahr Minister in Schleswig-Holstein bleiben. Das sei er den Nord-Grünen, der Jamaika-Koalition im Land und auch den Wählern schuldig. Er mag ehrgeizig sein und loslassen können, aber hängen lassen will er jene nicht, die ihm einmal ihr Vertrauen geschenkt haben.

Die Ankündigung beinhaltet implizit eine weitere Bedingung. Denn die befristete Ausnahme vom grünen Prinzip der Trennung von Amt und Mandat, wonach ein Mitglied des Bundesvorstands keinen Ministerposten bekleiden darf, würde eine Sonderregelung für den Norddeutschen bedeuten, eine »Lex Habeck«, wie einige spotten.[36] Ob die Delegierten ihm diese gewähren? Diesmal hat Robert Habeck sich als geduldig erwiesen. Und womöglich ist der Zeitpunkt perfekt.

Nichts für schwache Nerven

Taktisches Vorgehen, den perfekten Zeitpunkt abwarten zu können, das gehört zu Robert Habecks großen Stärken. Situative Gelassenheit zählt hingegen nicht dazu. Anke Spoorendonk von der schleswig-holsteinischen Minderheitenpartei SSW jedenfalls bescheinigt dem Minister, »eine kurze Lunte« zu haben. So jedenfalls zitiert die *Süddeutsche Zeitung* die bis 2017 amtierende Justizministerin im Kabinett Albig. Anlass war ein Zwischenfall, der sich 2014 ereignet hat und über den Habeck in seinem Buch *Wer wagt, beginnt* selbstkritisch Rechenschaft ablegt.[37] Die Landesregierung aus SPD, Grünen und SSW war wegen eines neuen Hochschulgesetzes unter Druck geraten. Schüler und Studenten demonstrierten vor dem Kieler Landeshaus, vor dem auch Habeck sich eingefunden hatte. Es war laut, es wurde gepfiffen, der Tumult wollte kein Ende nehmen. Die damalige, parteilose Bildungsministerin Waltraud Wende wurde mit persönlichen Beleidigungen angegriffen. Habeck wollte ihr zur Seite stehen, begann zu schimpfen und schoss auf einen Studenten mit Megafon zu. »Er hat hemmungslos rumgebrüllt, und hinterher schämte er sich«, erzählte Anke Spoorendonk der *SZ*.

Andere berichten ebenfalls, dem stellvertretenden Ministerpräsidenten würden öfter mal die Sicherungen durchbrennen. Etwa Dennys Bornhöft. Der junge FDP-Abgeordnete im Kieler Landtag hatte sich während der Jamaika-Koalitionsverhandlungen dafür ausgesprochen, die 2016 unter der Küstenkoalition maßgeblich von Habeck auf Betreiben des Naturschutzbunds Deutschland (NABU) durchgesetzte Einschränkung des Kitesurfens im Nationalpark Wattenmeer an der Westküste zu lockern. Die Naturschützer hatten damals argumentiert, Tausende von Watt- und Wasservögeln in besonders sensiblen Gebieten könnten die fliegenden Segel für Raubvögel halten und sich von ihren Rast- und Nahrungsplätzen vertreiben lassen. »Im Ausschuss ging es richtig hoch her. So sehr, dass eine dreitägige Unterbrechung der Koalitionsverhandlungen anberaumt wurde. Danach hat sich unsere Fraktion durchgesetzt, da ein entsprechendes Kite-Verbot vom zukünftig FDP-geführten Landesverkehrsministerium unter Bernd Buchholz hätte genehmigt werden müssen. Der aber war inhaltlich an der Seite der Kiter. Danach gab es eine Pressekonferenz mit Monika Heinold für die Grünen, Heiner Garg aus unserer Fraktion und dem zukünftigen Ministerpräsidenten Daniel Günther von der CDU. Ihre Botschaft lautete sinngemäß: ›Wir haben den gordischen Knoten zerschlagen und in allen Punkten eine Einigung erzielt.‹ Als ich das hörte, habe ich mich riesig gefreut. Das war ja mein Thema. Im Anschluss an die Pressekonferenz lief die Meldung über den Nachrichtenticker. Und ich lud für die JuLis (Junge Liberale) einen Post bei Facebook hoch, um diesen Erfolg mit allen zu teilen. Aber was dann kam, habe ich nicht so schnell vergessen. Es war Sonntagabend, 19:42 Uhr. Da klingelt mein Handy, ›Robert Habeck‹ steht auf dem Display. Ich hebe ab. ›Dennys, kannst du mich hören?‹ ›Ja.‹ Und dann brüllte Robert Habeck mich an, wie es noch keine Ex-Freundin oder sonst wer getan hatte. In sehr ruppiger Wortwahl gab er mir zu verstehen, ich solle unverzüglich das Video löschen oder die Koalition wird wieder in Frage gestellt. Er war derart geladen, dass offenbar weder er noch seine Parteifreunde mitbekommen haben, dass das Thema eh schon öffentlich war. Na, jedenfalls habe ich es gelöscht – das Facebook-Video zur Erfolgsmeldung wäre ein

Regierungsscheitern nicht wert gewesen. Ich habe ihm das auch per Kurznachricht geschrieben. Und auch, dass wir reden müssen. Als wir uns am Tag darauf wiedertrafen, weil andere Verhandlungen weitergehen sollten, kam er direkt auf mich zu und meinte, es täte ihm leid, bei unserem Telefonat seien die Pferde mit ihm durchgegangen. Das rechne ich ihm hoch an, da die meisten – vor allem männliche Politiker – in dieser Stellung keinesfalls eigene Fehler eingestehen.«

Reue zeigen, Fehler und Unzulänglichkeiten zugeben, das fällt wohl den meisten schwer. Politiker bügeln so manchen Schnitzer einfach weg, um nur ja nicht den Verdacht von Schwäche aufkommen zu lassen. Robert Habeck ist entwaffnend anders. Das macht es vor allem seinen Gegnern, aber auch den Wegbegleitern schwer, ihn zu fassen oder anzugreifen. Sie wissen, dass er nicht nur der harmlos nette Kumpel ist, für den sie ihn anfangs alle hielten. Er ist einer, der Macht erlangen will. Und auf seinem Weg dorthin einen unkonventionellen Habitus an den Tag legt, der selbst die meisten seiner Widersacher zur Kapitulation zwingt.

Anke Spoorendonk, die ihre Habeck-Anekdote in der *Süddeutschen Zeitung* zum Besten gab, schätzt ihn. Sehr sogar, wie sie betont.[38] So wie übrigens nahezu alle Parlamentarier in Schleswig-Holstein. Er sei ein »inspirierender Politiker«, menschlich angenehm, er habe auch sein Haus gut geführt. Selbst beim Bauernverband gibt man zu, der Agrarminister sei authentisch, suche den Dialog, höre genau zu. Setze am Ende dann aber doch genau das durch, was er von Anfang an gewollt habe. Die Fischer in Robert Habecks früherem Heimatort sehen das ähnlich.

Als Fischerdorf ist Möltenort heute kaum mehr auszumachen. Die meisten der alten Häuser wurden schmuck saniert. Denn längst haben Investoren die charmante fördenahe Meile für sich entdeckt. Einstige Hütten und Baulücken sind längst modernen Häusern gewichen. Einzig der sich unter dickem Reet duckende

»Roehrskroog« an der Ecke Strandweg/ Möltenorter Weg, der heute als Galerie-Café betrieben wird, gibt eine Vorstellung davon, wie der Ortsteil einst ausgesehen haben mag.

Die Alten erinnern sich noch daran, wie die Fischer in den Blütezeiten des einst bedeutenden Hafens von einem Kutterdeck zum anderen spazieren konnten. »Doch nun wollen sie die Fischer hier weghaben«, sagen sie. Gemeint sind die Politiker, allen voran die Grünen und – da besteht Einigkeit – auch Robert Habeck. Ihr Urteil über den Heikendorfer Jungen, den es in die große Politik gezogen hat, ist klar: »Er ist lieb und nett und redet den Leuten nach dem Mund. Aber dann macht er doch sein eigenes Ding.« Kann auf so jemanden Verlass sein?

Der Menschenfischer

Wer begreifen will, wie es Robert Habeck gelingt, die Menschen, selbst die sperrigen, in seinen Bann zu ziehen, blickt am besten auf die Zeit zurück, in der sein Idealismus noch unverbraucht war und sich der Zauber, der jedem Anfang innewohnt, in seinen Augen spiegelte.

Der Draußenminister ist unterwegs. So wie meistens. Weil er die Begegnung mit den Menschen liebt. Er ist ein gerngesehener Gast bei politischen Versammlungen, in den Kirchenkreisen, auf Messeveranstaltungen und Jubiläen ebenso wie in den seinem Ministerium unterstellten Landesbetrieben. Und das nicht nur, weil er neben dem Minister-Glanz auch schenkelklopfenden Humor in die Hütten zaubert. Er gilt als einer, der sich traut, Gefühle zu zeigen, und sich selbst wundert angesichts dessen, was ihm gerade widerfährt – ob er nun auf 180 ist oder im höchsten Glück. So wie 2013 auf einem Mitarbeiterfest des Landesbetriebs für Küstenschutz, Nationalpark und Meeresschutz, kurz LKN, in

Husum. Da wird er gefragt, wie er es bloß schaffe, alle seine Jobs als Familienvater, Parteifunktionär und Landesminister unter einen Hut zu kriegen. »Ich schaff es eben nicht«, sagt Habeck da, »ich lauf den ganzen Tag mit Heimweh nach meiner Familie rum.«[39] Der traut sich was, sogar sein Innerstes nach außen zu kehren. Das finden die Leute gut. Und sie halten ihn für eine ehrliche Haut.

Er ist ebenfalls noch nicht lange im Amt, als über den Ausbau der Windenergie in einer kleinen Gemeinde im Kreis Plön nachgedacht wird. Die Naturschützer schildern Habeck bei einem Vor-Ort-Termin ihre Sorge um die Seeadler, die sich dort angesiedelt haben. So eindringlich sind ihre Bitten, dass der Umweltminister verspricht, von den Plänen abzusehen. Nach ein paar Wochen erreicht die Seeadlerschützer ein Brief, in dem Habeck erklärt, er habe sich wohl zu weit aus dem Fenster gelehnt. So einfach ließen sich Pläne leider nicht vom Tisch wischen. Von diesem Brief und des Ministers persönlicher Entschuldigung erzählen sie heute noch in dem kleinen Dorf. Denn die schlechte Nachricht enthält eine gute: Da sitzt endlich mal einer mit auf der Regierungsbank, der Sorgen ernst nimmt. Und der zugibt, dass Versprechen, die er persönlich möglicherweise gern halten würde, manchmal eben leider an der realen Politik scheitern können.

Sich den Menschen zuwenden, ihnen zuhören, sie ernst nehmen und sich selbst als jemand zu outen, der nicht unfehlbar ist – reicht das allein, um den Mythos zu erklären, der sich weiter um Robert Habeck verdichten wird?

Akademiker, Schriftsteller, Familienmensch, moderner Vater, eine gefühlte Ewigkeit mit derselben Frau verheiratet und dazu ein politischer Senkrechtstarter. Das klingt nach einer bürgerlichen Karriere. Doch Habeck bleibt ein Grüner, der immerhin im realpolitischen Lager zu verorten ist. Dass er sich gegen Flügel-Zuschreibungen stemmt, passt für einen wie ihn, der als

Projektionsfläche für alle taugt, die sich eine offene, mutige, durch Eigenverantwortung getragene und von sozialem Gewissen geprägte Gesellschaft wünschen.

Das dürfte bei der Mehrheit der in Deutschland lebenden Menschen der Fall sein. Für sie verkörpert Robert Habeck den Anti-Typ eines Politikers. Einer, der jede seiner Rollen mit ganzer Leidenschaft und Intensität bis in die letzte Konsequenz meistert. Nicht aalglatt oder anbiedernd, sondern anfassbar und um Konsens bemüht. Einer, dem man abnimmt, dass es ihm tatsächlich um die Menschen geht und nicht nur um starre Parteiprogramme. Mit so einem wie ihm würde man sich am liebsten zum Kneipenbummel verabreden, wenn nicht zu befürchten wäre, neben ihm ebenso blass zu wirken wie früher neben dem beliebtesten Jungen der Klasse.

Wenn man Robert Habeck auf seine Beliebtheitswerte anspricht, lautet seine Antwort meistens so ähnlich wie: »Achte ich nicht doll drauf.«[40] Das klingt bescheiden. Ist es auch so gemeint?

Habeck ist ein Gewinner. Das war er schon zu Schulzeiten, als er weniger auf seine stimmlichen Fähigkeiten als auf seine überzeugende Ausstrahlung setzend im Rampenlicht die Zuschauer in seinen Bann gezogen hat. Während seines Studiums, als er lachend die Welt zu sich einlud und damit auch seine Wegbegleiterin Andrea Paluch. Und als er als Minister schließlich auch Menschen überzeugt hat, die ihm nicht nur wohlgesonnen waren. Für seine Überzeugungen kämpfen, Widerstände überwinden, Konsens herstellen – das ist es, was den idealistischen Anwärter auf den Parteivorsitz der Grünen antreibt. Denn die Situation der Grünen in den Ländern ist Anfang 2018 wenig komfortabel. In Mecklenburg-Vorpommern und dem Saarland sitzen sie nicht mehr im Landtag. Sie haben in Nordrhein-Westfalen und Niedersachsen herbe Verluste eingefahren. Noch ist das Rennen bei den Landtagswahlen in Hessen und Bayern offen, ebenso bei der Europawahl im Mai 2019. Die Ausgangslage ist also nicht einfach, aber nicht hoffnungslos. Die schwarz-rote Regierungskoalition im Bund mag sich bereits vieler grüner Urthemen bemächtigt haben, doch sie ist und bleibt zerstritten. Der Abgesang auf Bundeskanzlerin Merkel wird in den Reihen der Union zu einer Kakophonie. Konservative Politiker rücken mit ihren Positionen weiter nach rechts in dem Glauben, so der weiterhin erstarkenden AfD den Wind aus den Segeln zu nehmen. Die SPD ist programmatisch und personell ausgelaugt. Selbst die Linkspartei ist nicht mehr klar zu verorten, nachdem einige ihrer führenden Politiker zum Teil offen nationalistische Töne spucken.

Deshalb fordert Habeck seine Parteifreundinnen und Parteifreunde auf, in einem Grundsatzprogramm zu klären, »was Arbeit, Recht, Gerechtigkeit, Frieden, Freiheit, ja Deutschland und Staat unter den Bedingungen einer ökologisch-industriellen und digital globalen Veränderung bedeuten«.[41] Denn nach seiner Auffassung sollen die Grünen zu einer »Ideenwerkstatt der Republik« werden. Andernfalls würde seine Partei in der Bedeutungslosigkeit verschwinden, statt wieder in der Regierungsverantwortung zu landen. Ja, möglicherweise sogar in einem Jamaika-Bündnis, jetzt, wo die großen Volksparteien so weit geschrumpft sind, dass ein Zweierbündnis weder in den Ländern noch im Bund wahrscheinlich ist.

Es braucht also den großen Aufbruch. Mit einem Mutigen an der Spitze, der mit ganzem Herzen dabei ist und das auch spüren lässt. Die Grünen-Delegierten sind offenbar bereit dazu. Auf dem Parteitag in Hannover im Januar 2018 werden sie weitere Grundsätze für den Kühnen aus dem Norden aufgeben. Freilich nicht, ohne die obligatorischen vorangehenden emotionalen Debatten. Eine Dreiviertelmehrheit spricht sich für eine Satzungsänderung aus, nach der ein Mitglied künftig für kurze Zeit gleichzeitig ein Amt sowohl im Bundesvorstand als auch in einer Regierung ausüben kann. Dabei könne eine maximale Übergangsfrist von acht Monaten gewährt werden. Damit ist der Weg zur Wahl von Habeck zum Parteivorsitzenden frei.

»... und das ist erst der Anfang«

Auf dem Parteitag, dessen Motto lautet »... und das ist erst der Anfang«, wird am zweiten Tag der Bundesvorstand gewählt. Robert Habeck, der als Vordenker der Partei gilt, ist der einzige männliche Bewerber. Als Co-Chefin bewerben sich die zupackende niedersächsische Fraktionschefin Anja Piel, 52, mit dem Ziel, das soziale Profil der Grünen zu schärfen. Und Annalena Baerbock. Die 37-Jährige Bundestagsabgeordnete aus Brandenburg hat sich ebenfalls während der Jamaika-Sondierungen im Bund als Europa- und Klimaexpertin einen Namen gemacht.

Baerbock gibt sich in ihrer weitgehend vom Blatt abgelesenen Rede kämpferisch und leidenschaftlich und stellt klar, eine andere Politik sei nur möglich, wenn man Realitäten anerkenne. Und legt so eine pragmatische Haltung an den Tag, die der von Robert Habeck ähnelt. Doch mit Blick auf die eindeutigen Sympathien für ihren männlichen Partner macht sie deutlich, dass sie im künftigen Spitzen-Duo ihre Eigenständigkeit wahren wird: »Wir wählen nicht nur die Frau an Roberts Seite, sondern die neue Bundesvorsitzende der Grünen«, sagt sie.[42] Und der Saal jubelt. Sie wird sich in einer Kampfabstimmung mit 504 zu 272 Stimmen gegen Anja Piel durchsetzen.

Habeck, strubbelig frisiert wie immer, im dunkelblauen Hemd, eröffnet seine Rede mit einem »Wort zu Annalena«.[43] Er hoffe, der Mann an ihrer Seite sein zu dürfen ... Da er ohne Gegenkandidaten antritt, darf das als galantes Kompliment gewertet werden. Im freien Vortrag spricht er die gesellschaftliche

Spaltung an, die zurzeit herrsche, und dass es der Politik nicht gelinge, auf die Bedürfnisse der Bevölkerung einzugehen. Er zieht Parallelen zu den Anfängen der Grünen, die sich vor vierzig Jahren schon einmal mit »maßlosem Optimismus« in die politische Debatte eingeschaltet hätten. Er wünsche sich, dass die Grünen einen Weg der linksliberalen Politik einschlagen, die sich den Strukturen der Probleme zuwendet. Liberalität, so Habeck, bedeute zu schauen, warum sich Menschen zu den politischen Rändern hin verabschieden, und alles daran zu setzen, sie zu integrieren, indem man die Institutionen des Gemeinwesens stärke. »Macht kommt von machen«, betont er und fordert ein »Zurück zum Optimismus des Anfangs!«.

Nach dem klaren Votum von 81 Prozent der Delegiertenstimmen für Habeck dürfte es bei allem Idealismus nicht leicht für ihn und Baerbock werden, da sie beide zu den Realos zählen, den Widerstand des linken Flügels aufzuweichen. Die *Heute-Show* hatte sich schon im Oktober 2016 den satirischen Seitenhieb auf die wandelbaren Grünen gestattet: »Kann Spuren von allen anderen Parteien enthalten«. Doch ohne die Parteilinken wird der grüne Aufbruch kaum gelingen. Die beiden Vorsitzenden der Grünen haben, anders als in anderen Parteien, in der Regel weniger Einfluss als die Fraktionschefs Göring-Eckardt und Hofreiter. Auch im Bundestag bietet sich für Habeck keine Möglichkeit, sich zu profilieren, denn er verfügt, anders als Annalena Baerbock, über kein Mandat. Um seine Ideen in die Welt zu tragen, verlangt er nun noch mehr Macht für die Parteiführung. Und damit auch für sich.

Um die Menschen innerhalb und außerhalb der Partei mitzunehmen auf seinem Kurs in Richtung Zukunft, hat Robert Habeck eine überzeugende Methode angewandt, die Klaus-Martin Hentschel so beschreibt: »Robert ist klug, nachdenklich, differenziert, philosophisch, aber keiner, der auf den Tisch haut und durchgreift. Seine Ideen sind völlig aus dem Schema. Er versucht, aus dem Diskurs heraus ein Handlungsprojekt zu entwickeln und schafft es so, einen Kompromiss auszuhandeln.«

Als Robert Habeck Minister in Schleswig-Holstein wurde, fuhr er mit Fischern raus aufs Meer, um Krabben und Dorsche einzuholen. Da draußen auf hoher See, unter dem sternenbestickten Himmel, in der klaren Luft über dem bewegten Wasser, verstand er plötzlich die nahezu heldenhafte Romantik, die die Fischer mit ihrem nicht für Couchpotatoes geeigneten Knochenjob verbanden. Und auch deren Probleme. Zugleich machte er ihnen deutlich: Wenn ihr euren Job behalten möchtet, müsst ihr euch bewegen und Zugeständnisse an den Naturschutz machen.[44] Umgekehrt habe er den Umweltschützern erklärt: Ich verstehe euch ja. Aber schließlich müssen die Bauern und Fischer zusehen, dass sie irgendwie klarkommen. Ich bin auch deren Minister.

Verständnis zeigen, Optionen aufweisen, Verantwortung zurückspielen und auf Einsicht bauen – so lassen sich freiheitliche Entscheidungen treffen, ist Habeck überzeugt. Auf diese Weise hat er bisher oft selbst die Hartleibigsten zum Einlenken gebracht.

So einnehmend der neue Shooting-Star der Grünen wirkt, so wenig lässt er sich von anderen vereinnahmen oder auf einen ihm fremden Kurs zwingen. Auch nicht von seiner Partei. Während Cem Özdemir, Annalena Baerbock oder auch Anton Hofreiter ihren persönlichen Internetauftritt mit der sonnenblumengeschmückten Wort-Bild-Marke und in sattem Grün dem gängigen Erscheinungsbild ihrer Partei angepasst haben, spiegelt Robert Habecks Homepage nichts von seiner Zugehörigkeit zu den Grünen wider. Ähnlich wie die in nordgrünen Zeiten zu seinem Inner Circle gehörenden Luise Amtsberg und Konstantin von Notz hat er sich für einen eigenen Auftritt entschieden. Die Frage der Optik wird nicht der einzige Sonderweg bleiben, den Robert Habeck beschreitet.

Als Robert Habeck sich am letzten Augusttag 2018 als Draußenminister von Schleswig-Holstein verabschiedet, liegt Abschiedsschmerz in der Luft.

Er hat in den sechs Jahren seit 2012 schon viel erreicht. Er hat die Nord-Grünen zu neuen Wahlerfolgen geführt. Er konnte seine Pläne zur Energiewende und einer ökologischeren Landwirtschaft in der Jamaika-Koalition fortsetzen und hat durchgesetzt, dass das Land seine humanitäre Flüchtlingspolitik beibehält. Er hat in den sechs Jahren mit Landwirten gestritten, um Bienenschutz und Gülleverordnungen etwa, um Maisanbau und zu viel Nitrat aus Dünger im Grundwasser. Auch wenn er etliche Kontrahenten nicht bekehren konnte, viele glauben ihm mittlerweile seine guten Absichten. Und er hat ihren Respekt geerntet. Weil der Doktor nicht nur schön und klug schnacken kann, sondern vor allem zugehört und sich in die Themen eingearbeitet hat. Nicht zuletzt deshalb waren von Bauernpräsident Werner Schwarz mitten im Wahlkampf ungewohnt versöhnliche Töne zu vernehmen. Der hatte ein Umdenken in der Landwirtschaft angekündigt, mit dem Ziel, »das Vertrauen der Menschen auf dem Land und in den Städten wieder zu erhalten«, etwa durch weniger Gülle, weniger Dünger, weniger Antibiotika, mehr Tier- und Artenschutz. Ein Umdenken und dann ein Umlenken kann also gelingen, weiß Habeck.

Gegenüber der dpa fasst er die Bilanz seiner Amtszeit so zusammen:[45] »Ich habe wirklich alles, was ich konnte, dafür getan, dass es gut läuft.« Er verlasse Schleswig-Holstein nicht, weil er mit dem Amt nicht mehr zufrieden sei. »Ich mache das Ganze, weil ich glaube: Unter dem Druck von Rechtsnationalisten, Antieuropäern und ›Mein Land-First-Politik‹ muss sich die liberale Demokratie beweisen. Wenn ich jetzt nicht versuche, mein ganzes Engagement beizusteuern, dann würde ich mich fragen: ›Hättest du dich nicht einbringen müssen?‹«

Er gehe mit dem Gefühl, sein Amtsnachfolger Jan Philipp Albrecht, 35, werde seinen Job gewiss gut machen. »Aber wenn man wissen will, wie es Robert geht: Dann ist das Herz schon zerrissen.« Die Menschen im Schleswig-Holstein werden ihrem Lieblingspolitiker die eine oder andere Träne nachweinen. Selbst die Landwirte sind gerührt. Auf dem Bauerntag, Habecks letztem offiziellen Termin, dankt Verbandspräsident Werner Schwarz dem Agrarminister für dessen »moderate« Töne während seiner Amtszeit und spricht von einem gelungenen »Gewöhnungsprozess«, nicht ohne zu betonen, dass der mehr mit dem Menschen Habeck als mit den Grünen zu tun habe. Den eintausend Landwirten im Saal ist klar, dass aus Schwarz' gewohnter Sparsamkeit beim Verteilen allzu warmer Worte größte Anerkennung und tiefster Respekt sprechen. Und die Bauern verabschieden ihn mit anhaltendem Applaus. Er hat nicht alle von ihnen überzeugen können, aber sie haben mit ihm geredet und seine Argumente gehört. Und das ist doch schon mal ein guter Anfang gewesen.

Robert Habeck wird nun seine Sachen packen. Von seinem Amtszimmer aus kann man über die Förde bis nach Heikendorf blicken – dorthin, wo er einmal schwor, sich nicht anmerken zu lassen, dass er nicht immer die richtigen Töne trifft. Die Vergangenheit hat er schon lange hinter sich gelassen. Auf ihn warten große Aufgaben. Und seine Zukunft liegt jetzt auf der großen Bühne in Berlin, wo er weiterdenken will, größer. Und wo er noch stärker strahlen wird.

KAPITEL 4
ROBERT HEBT AB

Nun also Berlin. Noch weiter weg von Flensburg, seiner Frau und seinen Kindern, die seine Heimat sind.[1] Noch häufiger weg von denen, die dem frisch gekürten Bundesvorsitzenden Halt und seinem rastlosen Alltag Struktur geben. Hunderte Kilometer entfernt von jenen, die ihn am Boden gehalten haben. Denen er nicht erklären muss, wer er ist. Wohl aber, wer er sein will. Denn seine Frau Andrea Paluch, die sich an die Abwesenheit des Gatten gewöhnt hat, und seine vier Jungs, die inzwischen aus dem Gröbsten raus sind und ihre eigenen Wege gehen, bestärken Robert Habeck zwar in seinem Vorhaben, Deutschland zu einem besseren Ort zu machen. Doch das hat seinen Preis.

Schon die Landespolitik hat dem stellvertretenden Ministerpräsidenten und Draußenminister ständige Verfügbarkeit abverlangt. Sitzungen bis in die späte Nacht, Interviews am frühen Morgen, zermürbende Auseinandersetzungen um große Sachthemen und kleinkarierte Befindlichkeiten, parlamentarische Abende, Wahlkampftermine (denn nach der Wahl ist immer auch vor der Wahl), Entscheidungen, deren Auswirkungen er taxieren und abwägen muss, sind an der Tagesordnung. Ein Job als Vollblutpolitiker, dazu noch einer auf verantwortlichem Posten, kostet sechzig bis achtzig Stunden Lebenszeit pro Woche. Raum für private Freiheiten, Zeit für die Familie oder Zerstreuung, die für eine längere Spanne als 24 Stunden die Illusion aufkommen lassen könnte, es gäbe noch ein Jenseits der Politik? Die gibt es kaum noch. Um Bücher zu lesen, damit sein Horizont sich weiten kann, oder um beim Joggen zumindest für eine Weile den Kopf frei zu kriegen, wird Habeck jede freie Minute nutzen.

Die bundesdeutsche Hauptstadt ist ein Ort, der Chancen bietet, tatsächlichen Einfluss auf die Geschicke des Landes zu nehmen. Und einer, an dem sich besonders deutlich beobachten lässt, wie ein gerade erst aufgegangener Stern im nächsten Augenblick einem Kometen gleich abstürzen und in der Erdatmosphäre verglühen kann. Ob der grüne Star aus dem Norden das Zeug hat, zu einem Fixpunkt am Himmel über Berlin zu werden? Darüber werden Koinzidenzen richten. Aber auch die Entscheidung, wie geschmeidig man sich gibt und welche Ideale man bereit ist zu opfern, um seine Ziele zu erreichen. Welche Einflüsterungen und Strategien von vermeintlichen Parteifreunden oder Beratern man aufnimmt. Was das aufstrahlende Licht vor dem Erblassen bewahren könnte, ist die ständige Selbstüberprüfung, ob und wie weit man sich den geltenden Regeln des Systems unterwirft.

Seiner »politischen Biografie« *Wer wagt, beginnt – Die Politik und ich* hat Robert Habeck ein Zitat vorangestellt. Es ist ein Auszug aus »L'état et moi (Mein Vorgehen in 4, 5 Sätzen)« der Hamburger Rockband Blumfeld: »kann ich ohne mich zu beugen in ihm leben oder wachs' ich lebenslang in ihn hinein«. Wird Habeck sich im Berliner Politikbetrieb nicht vielleicht doch beugen müssen? Und was braucht er, um weiter hineinzuwachsen in die Rolle, die er für sich gewählt hat?

Angst vor dem Scheitern

Die griechische Sagengestalt Sisyphos wuchtete tagein, tagaus, Stunde um Stunde einen schweren Felsblock einen Berg hinauf, weil die Götter es so wollten. Doch noch bevor er den Gipfel erreichen konnte, rollte der Stein zurück ins Tal. Wenn man sich angesichts der aussichtslosen Plackerei die mythologische Figur – und nach Robert Habecks Einsicht einen sich ähnlich abmühenden Politiker – dennoch als glücklichen Menschen vorstellen muss, ist es dann überhaupt erstrebenswert, den Gipfel zu erklimmen?

Anfang 2018 ist der Gipfel für Habeck schon in Sichtweite. Er ist Chef seiner Partei. Er hat Macht. Die Aussichten von hier oben sind gut, neue Horizonte tun sich auf.

Doch dass es nach dem bisher rasanten Aufstieg schnell wieder steil abwärts gehen kann, weiß Habeck. Er hat es schon früh beobachten können. Allein die schleswig-holsteinische Landesgeschichte ist voll von solchen Beispielen. Als Habeck gerade sein politisches Bewusstsein entdeckte, befand sich die Barschel-Affäre auf ihrem Höhepunkt.

Das Lehrstück, zu was Machthungrige in der Lage sind, um unliebsame Gegner aus dem Feld zu räumen, ist fest in ihm verankert. Selbst einmal in das Visier einer üblen Kampagne geraten zu können, die seine Leistungen überdecken und seine Karriere blitzschnell wieder beenden könnte, mache ihm »Angst« vor seinem Beruf, sagt er.[2]

Überall, nicht zuletzt im Machtzentrum an der Spree, lauern Neider und Widersacher darauf, unliebsame Mitstreiter in Misskredit zu bringen. In einem Klima aus klammheimlicher Häme und zweifelhafter Moralität stürzen sie sich auf unbedachte Äußerungen, inhaltliche oder taktische Fehlgriffe und Ungenauigkeiten, die Anlass bieten für Tuscheleien und Gerüchte. Ein hinter vorgehaltener Hand, gezielt geäußerter Verdacht ist der Flugfaden für ein Netz aus Intrigen, an dem weitere Akteure lustvoll mitspinnen, um den Gegner zu demontieren. Eine Sauberfrau, einen Saubermann mit faserreiner Weste? Gibt es nicht.

Eine ideale Angriffsfläche bieten promovierte Politiker. Denn gelten für Menschen, die die Geschicke der Bundesrepublik lenken und somit zum Vorbild taugen sollten, nicht strengere Maßstäbe als für einen Investmentbanker oder Industriekarrieristen? Also wird sich schon etwas finden lassen. Etwa in ihren Dissertationen. Darauf spezialisiert hat sich unter anderem die Internetplattform VroniPlag Wiki[3] ebenso wie das fast namensgleiche VroniPlag.[4] Die auf ihre Anonymität bestehenden Plagiatsjäger haben schon einige Politiker zu Fall gebracht. Ob sich alle Beteiligten immer gegen »akademisches und wissenschaftliches Fehlverhalten« wenden wollen,[5] oder ob sich mancher von ihnen nicht doch für politische oder ökonomische Interessen einspannen lässt, ist selbst in ihren eigenen Reihen nicht geklärt. Doch die Methode, unredliches Verhalten offenzulegen, ist offenbar erfolgreich.

Ex-Bundesbildungsministerin Annette Schavan etwa stürzte 2013 über eine unsaubere Dissertation. Die enge Vertraute von Bundeskanzlerin Angela Merkel musste zurücktreten und verlor ihren Doktortitel. Um die Bedeutung und Schwere ihrer Fehler wurde lange gestritten. Es gehe um Nachlässigkeiten beim Zitieren, sagten die einen, andere waren sich einig, eine Bildungsministerin könne dem Copy & Paste an den Universitäten nicht noch weiteren Vorschub leisten.

Bei dem Ex-Verteidigungsminister Karl-Theodor zu Guttenberg hingegen, den ein ähnliches Schicksal ereilte, gab es keinerlei Interpretationsspielraum. Der einstige Hoffnungsträger der CSU, die ihn schon im Kanzleramt sah, wurde überführt, ganze Passagen seiner Doktorarbeit einfach abgeschrieben zu haben. Hatte der einstige Darling der Boulevardpresse seine eigene Großartigkeit schlichtweg überschätzt? Die Opposition jedenfalls feixte über den plötzlichen Absturz des rasch emporgestiegenen Polit-Stars. Und die Bundeskanzlerin zeigte sich empört. So viel

Scheinheiligkeit und Verlogenheit sei selten in Deutschland gewesen, sagte sie.[6]

Ähnlich beliebt bei Wählern wie zu Guttenberg, dem sie sogar nach seinem Rücktritt noch bescheinigten, er »habe ein gutes Gespür, was die Menschen von der Politik erwarten«,[7] war Christian Wulff. Er gehört nicht zu den Typen, die die Welt umarmen. Aber weil der niedersächsische Ministerpräsident so freundlich war und grundanständig, flogen ihm die Sympathien nur so zu. Und als der 51-Jährige mit seiner zweiten Frau Bettina und deren Sohn als jüngster Bundespräsident in das Schloss Bellevue einzog, strahlte das zuvor schnörkelfrei besetzte Amt des Staatsoberhauptes sogar ein wenig Glamour bei gleichzeitiger Nahbarkeit aus. Wohl auch, weil Wulff gemeinsam mit seiner First Lady via Boulevard-Presse seine persönlichen Vorlieben teilte. Doch ruft, wer den Medien einen Blick in den häuslichen Kochtopf gestattet, auch ganz schnell Neider auf den Plan, die hinter der glanzvollen Fassade Räume vermuten, die es auszuleuchten gilt. Und sei das, was sie dabei finden, noch so bedeutungslos. An Christian Wulff wurden plötzlich Fragen laut, wie er den Bau seines Privathauses finanziert habe. Zu welchem Kurzurlaub er sich einladen ließ und zu wie viel Maß Bier. Am Ende einer langen Liste von Vergünstigungen und angeblicher Vorteilsnahme im Amt während seiner Zeit als Ministerpräsident, stolperte Wulff über ein Bobby-Car, das Geschenk eines Berliner Autohauses für seinen Sohn. Christian Wulff verlor 2012 sein Amt. Und auch seine Frau. Zwei Jahre später wurde er in einem spektakulären Prozess – schließlich stand erstmals ein ehemaliger Bundespräsident vor Gericht – von jedem Vorwurf der Bestechlichkeit freigesprochen. Dass sogar der Richter bezweifelte, ein Ministerpräsident würde sich für »Peanuts« kaufen lassen, interessierte dann schon niemanden mehr. Politisch wie persönlich war Wulff erledigt. Und die Initiatoren dieser von der *Bild*-Zeitung angeführten sowie anderer Kampagnen müssen sich die Frage gefallen lassen: Nützt eine Demontage großer Talente der Demokratie oder dient sie nur der Selbstgerechtigkeit?

Was Macht macht

Muss jemand wie Robert Habeck, der Idealist und Visionär, Angst haben vor dem Beruf als Politiker? Vor dem Scheitern? In einem Interview mit dem *Zeit*-Magazin betont er, »das große Thema sei, dass Politik nicht aus Angst vor dem Scheitern gemacht werden dürfe. [Gerade die] Kleingeistigkeit sei das alles lähmende Gespenst unserer Zeit.«[8] Dennoch scheinen Vorsicht und Sorge angebracht.

Der Letzte, der vor ihm angetreten war für eine andere Art des Politikmachens, heißt Martin Schulz. Mit 19 Jahren in die SPD eingetreten, seit 1994 im EU-Parlament in Brüssel, zuletzt als dessen Präsident. Ein leidenschaftlicher Streiter für eine in Wirtschaft und Werten vereinigte Europäische Union, der sogar von den Vereinigten Staaten von Europa mit einer gemeinsamen Verfassung im Jahr 2025 träumte. Dann verließ Schulz die europäische Hauptstadt, um in Berlin als Kanzlerkandidat die moralisch am Boden liegende SPD wiederaufzurichten, die ihren Vorsitzenden Sigmar Gabriel am liebsten loswerden wollte und in einer zerstrittenen großen Koalition gefangen war.

Allein die Nominierung eines vom Berliner Politikbetrieb unverbrauchten Mannes, dem keine Mitwirkung an Hartz IV anzulasten war und der sich zudem vom einfachen Mann hochgearbeitet hatte, sorgte für Identifikation und Begeisterung. Es sah danach aus, als würde Martin Schulz all das verkörpern, was die zerstrittenen Genossinnen und Genossen gerade jetzt brauchten: einen sympathischen Idealisten, der förmlich zu brennen scheint für die Kernthemen der Sozialdemokratie und eine menschliche, ehrliche und transparente Gestaltung von Politik verspricht. Einen, der nicht auf kühle Taktik setzt und weniger versessen scheint auf die Macht, als man es aus dem politischen Milieu kennt. In den ersten fünf Wochen nach seiner Ausrufung zum Kanzlerkandidaten, in denen Martin Schulz als eine Art Heilsbringer erscheint, verzeichnet die SPD einen Zulauf von 10.000 neuen Mitgliedern.[9] Beim Parteitag im März 2017 wählen sie ihn mit einem Traumergebnis von 100 Prozent zu ihrem neuen Parteivorsitzenden und feiern ihn als ihren »Gottkanzler«, der im Herbst die Regentschaft der schon so lange amtierenden CDU-Kanzlerin beenden könnte.

Die sozialen Medien heizen den Hype weiter an. Seit der Nutzer einer Plattform den Kopf des strahlenden Parteichefs auf eine Lokomotive gesetzt hat,[10] nimmt der #schulzzug Fahrt auf. Ausgelassen und voller Optimismus drängen immer mehr neue Genossinnen und Genossen in den nun unter Volldampf beschleunigenden »Schulz-Zug«, der kaum mehr aufzuhalten scheint. Der strahlende Held Schulz selbst kann die Euphorie kaum fassen. So viel Zuspruch kann besoffen machen. Und leichtsinnig im Rausch.

Er macht Fehler. Und als die Begeisterung für sozialdemokratische Themen an den Wahlurnen im Saarland und in Schleswig-Holstein erlahmt, verliert Martin Schulz die Nerven. Und sein eigentliches Ziel aus den Augen. Er kann im Wahlkampf nicht liefern und seine Botschaften in klare Positionen fassen. Stattdessen startet er ungelenke und überflüssige Seitenhiebe auf die trotz Flüchtlingskrise noch immer beliebte Bundeskanzlerin.

Bei den Bundestagswahlen 2017 standen CDU und SPD als Verlierer da. Alle Hoffnungen waren wieder einmal zunichte. Zwar trägt der Vertrag der erneuten großen Koalition in weiten Zügen eine sozialdemokratische Handschrift. Aber die SPD scheint dazu verdammt, dass es wieder kaum jemand bemerken wird. Als Martin Schulz dann noch entgegen seinem kategorischen Nein unmittelbar nach der Wahl doch wieder eine Koalition mit den Unionsparteien einging, in der er als Außenminister einen Zipfel von der Macht haben wollte, hatte er sich endgültig selbst entzaubert. Niemand mochte ihm mehr glauben, dass er sein Versprechen einlösen würde, alles anders zu machen. Die Wähler nicht. Und auch nicht seine Partei, die ihn daraufhin schnöde fallenließ.

Vielleicht wurde mit dem plötzlichen Sturz des Martin Schulz noch der letzte Funken Hoffnung zu Grabe getragen, es könne Politiker geben, zu denen man aufschauen kann.

Was lässt sich aus seinem Scheitern lernen? Waren die Erwartungen an den Hoffnungsträger zu hochgeschraubt? Lag es daran, dass der SPD die Themen ausgegangen waren, nachdem die CDU unter Angela Merkel sozialdemokratische Kernanliegen absorbiert hatte und sich darauf verstand, Erfolge besser zu verkaufen? War Martin Schulz einfach zu nett, wie manche Beobachter meinen? Oder hat er seinen persönlichen Ehrgeiz über den politischen Anstand gestellt?

Wer in der Spitzenpolitik bestehen will, braucht die Überlegenheit eines Elefanten. Er sollte den Weg zu seinem Ziel nicht allzu zögerlich beschreiten und Hindernisse mit der gebotenen Entschlossenheit bei gleichzeitigem Augenmaß aus dem Weg räumen. Seine Haut sollte dick genug sein, um gegen Enttäuschungen und Niederlagen gewappnet zu sein und sich halbwegs unbeschadet durch das dichte Gestrüpp von Intrigen bewegen zu können. Und sie sollte so straff sein, dass sie ihn davor bewahrt, aus der Haut zu fahren.

Robert Habeck besuchte im Landtagswahlkampf 2012 Mitglieder des Bunds deutscher Milchviehhalter, kurz BDM genannt. Wenn Robert Habeck auftritt, wird es schnell persönlich, beinahe vertraulich.[11] Der grüne Wahlkämpfer, für den es den Umfragen nach richtig gut läuft, sagt in Erwartung eines Postens in der noch zu schmiedenden Regierung: »Ich weiß nicht, wie die Macht mich verändern wird«, wie sich einer erinnert, der dabei war. Die persönliche Note, die Robert Habeck Begegnungen verleiht, das Bodenständige, das selbstkritische Hinterfragen – das gefiel den Milchbauern. Habeck hatte Eindruck hinterlassen. Und für sich selbst eine Frage aufgeworfen, auf die er immer wieder Antworten finden und sich entscheiden müssen wird, wie er das eigene Fortkommen sichern und für Freiheit, Demokratie und Vertrauen kämpfen will, ohne dabei die eigenen Ideale zu verraten. Wie professionell muss er sein? Wie entschlossen? Wie viel Distanz ist notwendig? Wie bleibt er dennoch nahbar? Und verbindlich?

Robert Habeck ist nett, er ist sympathisch, erfrischend direkt. Da sind sich Freunde und Gegner gleichermaßen einig. Doch allein mit Charme kommt niemand weiter. Wer etwas erreichen will, muss sichtbar werden. Und manchmal auch aus dem Schatten derer treten, die einem die Sonne nehmen. Nicht wenige benutzen dazu die Ellenbogen. Robert Habeck bittet, den Weg frei zu machen. Mit den passenden Argumenten hat er einst Karl-Martin Hentschel klargemacht, dass es an der Zeit zu einem Aufbruch unter einem neuen, einem jüngeren Fraktionsvorsitzenden sei. Bei seinem ersten, gescheiterten Anlauf nach Berlin hat er mit Konstantin von Notz um einen gangbaren Weg gerungen und darüber möglicherweise einen Freund verloren.

Macht kann Veränderungen bewirken. Und wer nach ihr greift, wird sein Denken, Fühlen und Handeln anpassen müssen. Denn ohne Einfluss, lässt sich nicht gestalten.

Der Verführbare

Robert Habeck ist ein Meister der Kommunikation und der Selbstinszenierung. Und wieder nutzt er, um bekannter zu werden, sämtliche Social-Media-Kanäle für die Verbreitung seiner politischen An- und Einsichten – Facebook, Instagram, Twitter, YouTube, das Übliche. Die Tonalität ist jung und vorwärtsgewandt. Die Botschaft präzise. Auf seiner Homepage etwa präsentiert er sich inmitten der Natur sitzend.[12] In Shorts, die Hemdsärmel aufgekrempelt. Eine Bierflasche in der Hand. Sein Blick ist auf den Horizont gerichtet. Und dann steht da dieser Satz: »Über mich. Wir können nicht nicht politisch sein.« In einem Videoclip *#robertsboots* fordert er »kein Stillstand mehr, kein Rückwärtsgang« und »mehr wir«.[13] Und was ihm in diesem Zusammenhang »unter den Nägeln brennt«, beschreibt er in seinem Blog.[14]

Seit Ende 2016 hatte der damalige Minister für YouTube eine Reihe von Clips produzieren lassen unter dem Titel »Habeck lehnt sich auf«. Sie zeigt ihn mal im Kieler Landeshaus über seine »Fleischreise« reflektierend,[15] mal in Berlin über die allgemeine politische Lage philosophierend.[16] Oder besorgt angesichts der Weltlage, die von Kriegen und Konflikten beherrscht wird. Nach und nach werden die meisten seiner Gedanken, die er sich in dieser Serie macht, aus dem Netz genommen. Und auch der Duktus seiner Homepage erfährt im Sommer 2019 eine Umwandlung. Jetzt, wo er das Projekt Familie und Schriftstellerei abgeschlossen hat, lässt sich kein Hinweis mehr auf die gemeinsame Autorenschaft mit seiner Frau Andrea Paluch finden. Solange man selbst die Fäden in der Hand hält, kann man durch das Löschen von Inhalten und Seiten zum Vergessen des Internets beitragen. Denn es wird ein neues Kapitel aufgeschlagen: Habeck ist politisch. Immer. Überall.

Wer die Öffentlichkeit sucht, hat mit Mut und Lust an der Selbstdarstellung und geistreichen Ideen die Chance, wahrgenommen zu werden. Die digitalen Medien bieten da eine barrierefreie und schnelle Plattform. Lange läuft es gut für Habeck in den sozialen Netzwerken. Seine Beliebtheit steigt. Wohlwollende Kommentare und Likes veranlassen ihn zu immer mehr und rascher aufeinanderfolgenden Posts. Speziell der Kurznachrichtendienst Twitter, der in Windeseile weiterzwitschert, was von mitunter nur vermeintlicher Bedeutung ist, Hauptsache, es lässt sich in 280 Zeichen fassen, ist auch für Robert Habeck ein verführerisches Medium. Wie er selbst gesteht, nimmt er sein Smartphone immer öfter zur Hand, um anhand der Kommentare zu checken, wie toll die Follower ihn finden.

Doch die Wogen der Sympathie können sich in Sekundenschnelle zu Wellen der Empörung auftürmen, wenn man die Social-Media-Klaviatur nicht beherrscht.

In der heißen Wahlkampfphase vor der bayrischen Landtagswahl im Oktober 2018 ruft Habeck per Twitter dazu auf, die Alleinherrschaft der CSU zu beenden, damit man sagen könne: »Endlich gibt es wieder Demokratie in Bayern.« Der Ton erinnert an die Anti-Parteien-Zeiten der Grünen und klingt so gar nicht nach dem reflektierten Zungenschlag des Mannes, der kurz zuvor ein Buch über zuspitzende Sprache veröffentlicht hat. Von jemandem, zu dessen Kernkompetenzen zweifellos die sprachliche Intelligenz zählt. Und dem alles daran gelegen sein sollte, die Empörungs-Mentalität im Land herunterzufahren.

Als prompt Kritik laut wird, entschuldigt sich der Twitterer, im steigenden Wahlkampffieber »lasch formuliert« zu haben, und bezeichnet seinen Tweet selbst als »bekloppt«.

Bald darauf unterläuft ihm erneut ein Kommunikationsfehler. In den ersten Januartagen 2019 eröffnet er den Landtagswahlkampf in Thüringen mit einem neuerlichen Lapsus, dessen Folgen weitreichender sein dürften. Die West-Grünen gelten im von Strukturproblemen geplagten Osten der Republik als Besserwessis und Moralisten, selbst wenn Habecks Partei an der rot-rot-grünen Regierung des Freistaats unter Bodo Ramelow (Die Linke) seit vier Jahren beteiligt ist. Auch deshalb ist für die Menschen umso weniger nachvollziehbar, dass ihm in einem via Twitter verbreiteten

Video der fatale Satz aus dem Mund purzelt, »Wir versuchen, alles zu machen, damit Thüringen ein offenes, freies, liberales, demokratisches Land wird, ein ökologisches Land.« Thüringen soll den Ansprüchen des Grundgesetzes nicht genügen? Mit dem Shitstorm, der über ihn hereinbrechen kann, wenn er einmal nicht ganz so toll war, hat Robert Habeck nicht gerechnet. Es war ein eilig, zwischen Tür und Angel heruntergeratterter Aufruf, die Meinungsvielfalt im Land gegen die erstarkende AfD zu verteidigen. Er habe ein kleines Wort falsch eingesetzt und »bleibt« gemeint statt »wird«. Der Videoaufruf auf dem Account der Thüringer Grünen wird gelöscht. Doch Häme und Spott sind nun in der Welt.

Reumütig fragt Habeck sich, wie man einen Fehler zwei Mal begehen könne. Er ist über sich »selbst entsetzt« und läutet mit dem Satz »Ich möchte gern wieder konzentrierter sein, fokussierter und auf die lange Distanz geeicht, nicht auf den kurzfristigen Geländegewinn«, seinen Abschied aus den sozialen Medien ein. »Bye Twitter und Facebook« bloggt Habeck am 7. Januar 2019. Denn zu allem Überfluss waren Ende des vorangegangenen Jahres private Daten und Messenger-Unterhaltungen seiner Familie auf Facebook geklaut und via Twitter verbreitet worden. Nicht nur der grüne Parteichef, auch Hunderte andere Politiker und Prominente waren von dem Hackerangriff betroffen.[17] Anfängliche Mutmaßungen, die chinesische oder russische Regierung hätte die Leaks angestochen, bewahrheiten sich nicht. Es war ein zwanzigjähriger Schüler aus Hessen, der als Grund für die Veröffentlichung seine »Verärgerung über öffentliche Äußerungen« der geschädigten Politiker nannte. Auffällig blieb, dass AfD-Politiker von dem massenhaften Missbrauch der sensiblen Daten nicht betroffen waren.

Der selbst inszenierte Abschied nach einem peinlichen, aber vermutlich lässlichen Ausrutscher lässt erste Kritik lautwerden. Zumal Habecks Trennung von der Netzwelt nicht konsequent erfolgt. Er wird seinen Instagram-Account mit einem Potenzial von gut 15 Millionen Nutzern in Deutschland weiterbetreiben mit der Begründung, dieser Onlinedienst sei weniger aggressiv. Skepsis macht sich nun auch in den eigenen Reihen breit. Ein Führungsmitglied der Grünen äußert sich: »Habeck ist zum fliegenden Robert geworden. Sein eigener Höhenflug hat ihn abheben lassen.«[18] Seine Impulsivität könnte als Beleg dafür dienen, dass er ein wenig zu rasch die Nerven verliert und öfter über das Ziel hinausschießt. Fortan wird Robert Habeck sich verstärkt an seinen eigenen Ansprüchen messen lassen müssen.

Doch wie agiert ein Spitzenpolitiker mit Ambitionen, wenn das große Netz der sozialen Medien mit seinen Meinungsbildnern, Unterstützern – und auch den Rechthabern – als Multiplikationsplattform wegfällt? Wie kann man dafür sorgen, dass die eigene Stimme auch ohne Bundestagsmandat gehört wird? An dem Polit-Star, der mittlerweile im Ruf steht, trotz seiner Ausrutscher einer der interessantesten und reflektiertesten Köpfe der Republik zu sein, kommt dennoch keiner mehr vorbei.

Verliebt in Robert

Während Robert Habeck den Bauern und Küstenfischern Schleswig-Holsteins in seiner Amtszeit als Minister noch das Leben schwermachte, schlug der schmucke Norddeutsche bei den Frauen ein wie der Blitz.

Ob er nun die Krug-Wirtin in einem kleinen Dorf bei Rendsburg traf, die nach einer Begegnung schwärmte, wie gut der Herr Habeck aussieht, und wie schön der redet! Oder die Grüne Claudia Roth, die, als sie noch Bundesvorsitzende war, fand, er sehe aus wie Jamie Oliver und sei »so sympathisch!«.[19] Social-Media-Follower und Fans beiderlei Geschlechts etwa halten ihn »für einen intelligenten Mann … mit Strahlkraft«.[20]

Sogar sonst seriöse Medien feiern den frisch gekürten Parteichef der Grünen als »Sonnyboy« (*Lübecker Nachrichten*), der »selbstironisch und sympathisch daherkommt« (*Welt*). Die *Süddeutsche Zeitung* erkennt in ihm den »Brad Pitt der Linken«. Das Wochenmagazin *Stern* findet, er sei »mit dem jungen Willy Brandt vergleichbar«. Selbst die den Grünen weniger zugeneigte *Bild*-Zeitung scheint dem Charme des früheren Schriftstellers und Philosophen erlegen zu sein. In der Style-Kolumne lässt sie ihn als »Projektionsfläche für Frauen-Träume« beschreiben, weil man ihn sich »beim Plätzchenbacken in der Kita ..., beim ›Silly‹-Konzert, in einer Werbung für Kaffeekapseln, Gin oder Bier von der Küste« vorstellen könne.[21] Und weil sich Robert Habeck außerdem unablässig zu seiner Familie und seiner Frau bekennt, interessieren sich die Frauen umso mehr für ihn, den man nun häufiger glattrasiert antrifft, etwa im April 2019 beim *Brigitte*-Talk der gleichnamigen Frauenzeitschrift in Berlin.[22] Dort erfährt man von ihm, ob Selbstkritik in der Politik schade. »Nein, sie wird geschätzt.« Und wie sich für ihn ein idealer Start in den Tag gestaltet. »Einen Kaffee aufbrühen, in der Zeitung blättern, eine Runde laufen.« Jeden Versuch, dem einstigen Teilzeit-Vater und bekennenden Familienmenschen mehr Privates zu entlocken, lächelt er nun einfach weg.

Als Robert Habeck sich im nördlichsten Winkel Deutschlands anschickte, mit seinem nun schon mehrfach aufgelegten Buch *Wer wagt, beginnt* eine andere Denkkultur anzustoßen, und sich nichts Geringeres vornahm, als die Parteienlandschaft der Republik auf den Kopf zu stellen, avancierte der politische Denker auch noch zum Liebling des deutschen Feuilletons. Ihm sei zuzuschreiben, dass die Grünen noch nie so »ansehnlich, bürgerlich, selbstbewusst« dagestanden hätten, wie unter ihrem neuen Parteichef, schreibt Ulf Poschardt von der *Welt* anerkennend.

Die unabhängige Hauptstadtpresse hat ihn nach seiner Ankunft in Berlin nahezu ausnahmslos mit weit ausgestreckten

Armen umfangen. Gern garniert mit der Aufnahme eines dpa-Fotografen,[23] die Habecks Konterfei vor der unscharf gestellten Grünen-Sonnenblume zeigt, die ihn wie einen Strahlenkranz umgibt und als Heilsbringer erscheinen lässt.

Was aber veranlasst selbst seriöse Medien, mit inhaltsleerer Euphorie ihre professionelle Distanz derart zu verringern?

Auf seine Beliebtheitswerte und sein Äußeres angesprochen, reagiert Habeck mit zunehmend sichtlichem Unbehagen. Bei mal freundlichen, mal provokativen Anmoderationen senkt er den Kopf mit starrem Blick nach unten, damit man nicht sieht, wie sehr ihn die Lobhudelei nervt. Ja, es gefällt ihm, wenn er gut ankommt bei den Leuten. Aber der Personenkult ist ihm lästig. Es geht um mehr. Es geht um eine Betrachtung der Inhalte, der komplexen Zusammenhänge und darum, das bestehende System neu zu besehen. In einem Interview mit dem *Zeit*-Magazin etwa wurde er einmal gefragt, ob die Menschen es einem danken, wenn man, so wie er, nachdenklichere Töne anschlage. Damals, das war 2016, ist er davon überzeugt: »... ich finde ja selbst, dass ein Grundmodus des Zweifels uns in der Politik gut ansteht. Niemand weiß doch, wie das Leben so richtig geht, nur die Politiker, die wissen immer alles. Das ist weder sympathisch, noch kann es wirklich so sein.«[24] Das gilt für ihn noch heute.

Ohne Frage, Robert Habeck ist eine Ausnahmeerscheinung auf dem politischen Parkett. »Nur klug schnacken und in der Tonne liegen«,[25] so wie es der griechische Philosoph Diogenes zu tun pflegte und es Habeck selbst zu Studentenzeiten verlockend erschien, war ihm nicht genug. Er ist nun seit mehr als 15 Jahren in der Politik und tritt für die Prinzipien von Menschlichkeit und Toleranz, von Offenheit und Respekt ein. Und er behält den Kurs bei, der ihm schon in Schleswig-Holstein Anerkennung eingetragen hatte.

Als Robert Habeck seinen Hut in den Berliner Ring warf und fortging, um Parteichef der Bundes-Grünen zu werden, sagte ein

Mitglied des Milchbauernverbands zum Abschied – man war über die Jahre zum Du übergegangen –: »Durch dich hat uns Politik wieder Spaß gemacht. Nach all den Jahren der Sprachlosigkeit warst du einer, mit dem man reden konnte.« Vorurteilsfrei zuhören können, konstruktiv nach Lösungen suchen, selbst wenn man am Ende keine findet. »Habeck war für mich ein Vorbild, der eine ganz neue Gesprächskultur in die Landespolitik gebracht hat«, findet der Milchbauer. Und mit diesem bleibenden Eindruck ist er nicht allein.[26]

Robert Habeck denkt über Grenzen hinweg. Andere Meinungen zulassen und trotzdem Lösungen finden, die seinen Gesprächs- und Verhandlungspartnern gerecht werden, hält er für anstrengender, als Positionen durchzudrücken, am Ende aber für überzeugender, demokratischer und tragfähiger.[27] Dazu gehört, dass Robert Habeck öffentlich über gangbare Wege nachdenkt, ohne immer gleich ein fertiges Konzept parat zu haben, und dabei auf den allzu vertrauten Politikersprech verzichtet, sondern so redet, dass man es auch versteht.

Endlich mal einer, der nicht alle Antworten zu kennen glaubt. Und einer, der den Mut hat, Fehler einzugestehen. Einer, der das Ringen um Einsichten immer wieder zum Kern der Debatte statt auf Nebenschauplätze lenkt. Denn die Menschen sind die parteipolitischen Taktiken leid, sie wollen sachbezogene Entscheidungen – ob die grün oder rot oder schwarz gefärbt sind, spielt für sie am Ende keine Rolle mehr.

Dem diskursverliebten Parteichef und seiner Co-Vorsitzenden Annalena Baerbock gelingt es, das Bild von den Grünen in der öffentlichen Wahrnehmung zu modernisieren und das Image der Verbotspartei zu korrigieren. Außer politischen Gegnern und Moderatoren, die nach Angriffsmöglichkeiten suchen, redet niemand mehr vom moralisch bevormundenden »Veggie-Day«, der im Bundestagswahlkampf 2013 die Wähler noch zuhauf empört, oder doch zumindest irritiert hatte.

Robert Habeck, dem dieser Imagewandel vor allem zugeschrieben wird, überrascht mit erholsamem Pragmatismus. Etwa in einem Interview mit der *Bild*-Zeitung.[28] Befragt, wie er die Deutschen dazu bringen wolle, ökologisch und fair einzukaufen, erwidert er: »Ich möchte keine Konsumenten-Demokratie, sondern die Politik muss für bessere Zustände sorgen. Sonst bürdet man allein den Verbrauchern die Verantwortung auf. Ich will mich nicht bei jedem Einkauf fragen müssen, ob mein Jackett mit Kinderarbeit hergestellt wurde. Die Politik muss den Rahmen setzen und dafür sorgen, dass eben keine Kleidung, die durch sklavenähnliche Arbeitsbedingungen produziert wurde, in Deutschland verkauft wird.« Entlastung durch Delegieren der Verantwortung in einer immer komplizierter werdenden Welt, die nach politisch korrektem Handeln verlangt. Das sind ungewohnte Töne von einem Grünen.

Robert Habeck ist ein typischer Vertreter der Generation, die von dem Wohlstand profitierte, der im Nachkriegsdeutschland geschaffen wurde und den Heranwachsenden ideale Voraussetzungen bot, um sich auszuprobieren. Zugleich stellten die Reaktorkatastrophe von Tschernobyl, die Anti-AKW-Bewegung, die Attentate und schließlich das Ende der Roten Armee Fraktion (RAF), sowie der Zusammenbruch des Ostblocks alte Gewissheiten, Werte und Systeme in Frage. Wer in den Achtzigerjahren groß wurde, war darauf vorbereitet, dass jederzeit etwas zu Ende gehen und Neues entstehen kann. Es wundert nicht, dass dabei ein erstaunlicher Pragmatismus an den Tag gelegt wurde, bei der Realisierung jener Vielfalt von Lebensentwürfen, für die die Alt-68er eingetreten waren.

So sehr Robert Habeck sich mühen wird, das Etikett des Schriftstellers und Philosophen abzustreifen, es wird ihm kaum gelingen. Denn die Art und Weise, wie er sich fragend den Themen nähert, ist untrennbar mit seiner Ausbildung verbunden.

In den Geisteswissenschaften werden nicht einfach Thesen aufgestellt und dann mit ausgewählten Argumenten und anhand von Beispielen begründet. Eigene Gedanken werden erst dann formuliert, wenn verschiedene Theorien zum selben Thema ausgiebig erkundet und mit den eigenen Einschätzungen abgeglichen wurden.

Mit dieser Herangehensweise, Standpunkte auszuloten, bevor man zu Ergebnissen gelangt, hat Robert Habeck seinen Ruf genährt, diskursverliebt, argumentationsstark und wortgewandt zu sein. Als einer, der leere Worthülsen entlarvt und seine Gesprächspartner verstört, weil er sich nicht in kleinteilige Sachdiskussionen zwingen lässt, sondern Zuhörer mitnimmt auf die Reise in einem Helikopter und ihnen einen Blick von oben auf das große Ganze ermöglicht.

Die öffentlich-rechtlichen Talkshows reißen sich um ihn und seine Co-Vorsitzende. Laut Analyse des Redaktionsnetzwerks Deutschland wird 2018 niemand so oft zu Gesprächsrunden bei *Anne Will*, *Maischberger*, *Maybrit Illner* oder *Hart aber fair* eingeladen wie er.[29] Zuschauer und Talker sind gleichermaßen der Streitigkeiten überdrüssig, die die Themen der Formate bestimmten: die jeden Fortschritt lähmenden Auseinandersetzungen der Unionsparteien über ihren Kurs in der Asylpolitik; die Debatte um die Nachfolge von Angela Merkel als Parteivorsitzende, mit der zugleich die potenzielle Kanzlerfrage verknüpft wird; der unaufhaltbare Absturz der großen Volkspartei SPD; die wachsende Gefahr von rechts.

Ganz mit sich und seiner Partei im Reinen, so zumindest erscheint es, kann Robert Habeck seine Dauerpräsenz auf den bundesdeutschen Bildschirmen nutzen. Er zeigt sich schlagfertig, frei von jeglichen Phrasen und Attitüden. Selbst wenn er unter Anspannung auf seinem Stuhl bis an die vorderste Kante rutscht, wirkt er unaufgeregt, selbstkritisch, hinterfragend, als befände er sich auf einer Metaebene, die kein kleinkariertes Schlechtreden zulässt. Dass er ohne jeden Beißreflex Attacken auf politisch Andersmeinende im bürgerlichen Spektrum vermeidet, sondern ihnen Respekt zollt und anerkennt, was er als positive Entwicklung wahrnimmt, bringt ihm zusätzliche Sympathiepunkte ein.

Laut ZDF-*Politbarometer* von Ende März 2019 ist er unter den zehn wichtigsten Politikern der Republik der beliebteste und verdrängt damit vorübergehend sogar die gefühlt ewige Nummer eins Angela Merkel. Das war auch schon Männern wie Karl-Theodor zu Guttenberg, Christian Wulff und Martin Schulz gelungen,[30] was sie jedoch nicht vor ihrem baldigen Absturz schützen sollte.

Robert Habeck hegt eine naturgemäße Abneigung gegen derlei Ranglisten, doch nicht aus Kalkül. »Diese Beliebtheitsrankings sind fürchterlich. Als ob es sinnvoll wäre, Politiker nach Wochenleistungen zu benoten«, sagte er den Zeitungen des Redaktionsnetzwerks Deutschland. Und ergänzt, das sei »die Ver-Dieter-Bohlisierung der Politik«.[31] Die Skepsis ist angebracht. Denn die Vergangenheit hat gezeigt, dass der Beliebtheitsgrad kein Garant für Unanfechtbarkeit ist, sondern die kritische Auseinandersetzung eher noch befördert.

In den Köpfen der Deutschen ist das Misstrauen gegen allzu rasch Emporgestiegene, gegen das Glanzvolle und scheinbar Makellose fest verankert. Helden und Lichtgestalten? Die sind nur eine Illusion. Die Sorge, da könnte sich wieder mal einer zum Hoffnungsträger aufschwingen, um dann abermals Enttäuschung und Leere zu hinterlassen, scheint so groß, dass die Öffentlichkeit seine Demontage lieber selbst in die Hand nimmt. Unverzüglich.

Um dem Vorwurf zuvorzukommen oder um ihn wahlweise im Nachhinein zu entkräften, jemanden hochzujubeln, setzt für gewöhnlich ein medientypischer Reflex ein: Wer hochgeschrieben wurde und angesichts der in ihn gesetzten Erwartungen nicht prompt liefert, steht fortan unter strenger Beobachtung. Jetzt wird jedes Wort abgewogen, und Inhalte kommen auf den Prüfstand, der mitunter einem heißen Stuhl gleicht. So wird es auch Robert Habeck ergehen. Als er etwa seinen Rückzug aus den Social-Media-Kanälen verkündet, untermauert er dies in einer Art vorauseilender Rechtfertigung mit dem Hinweis: »Twitter ist wie kein anderes digitales Medium so aggressiv und in keinem anderen Medium gibt es so viel Hass, Böswilligkeit und Hetze.« Er erhält dafür Zustimmung, aber auch Kritik, insbesondere auch von Politikerkollegen.[32]

Dazu gesellt sich ein Neid-Faktor, wie er selten zu beobachten war. Dass versucht wird, die Qualifikationen speziell erfolgreicher Frauen auf Äußerlichkeiten zu reduzieren oder auf unsachliche bis zuweilen herablassende Art Zusammenhänge herzustellen, war man schon gewohnt. Die Rivalität zwischen Männern zeigt sich vorzugsweise in einem Wettstreit um Erfolg, Besitz und Macht. Aussehen schien bislang von geringerer Relevanz zu sein.

In Robert Habeck scheinen sich alle Vorzüge zu vereinen: Er sieht gut aus. Er ist klug. Er hat Humor. Er ist erfolgreich. Er ist ein Mann mit Eigenschaften. Es kann der Eindruck entstehen, dass diese Anhäufung begehrenswerter Attribute den Anstoß liefert zu einem an Seitenhieben und frontalen Angriffen nicht eben armen Duell eitler, gutaussehender Männer.

Ulf Poschardt von der konservativen *Welt* etwa dürfte sich dazu zählen. Er ließ von Beginn an kaum ein gutes Haar an Robert Habeck und beschreibt ihn süffisant als »männlichen Chick«, der gemeinsam mit Außenminister Heiko Maas von der SPD und FDP-Chef Christian Lindner eine »Hipsterampel« bilde.[33]

Besonders bizarr gerät der Versuch von Moderator Markus Lanz, den Politaufsteiger in seinem Talk-Format vom Sockel zu stoßen, auf den seine Medienkollegen ihn gerade gehievt und darüber Annalena Baerbock vernachlässigt hatten.[34] Gleich in der Auftaktrunde zitiert Lanz bei der Vorstellung der Co-Vorsitzenden Claudia Roth, die selbst einmal Bundesvorsitzende der Grünen war: »Annalena ist die Wurzel unseres Baumes, und ohne sie würde manche Blüte von Robert schnell verwelken.« Das grüne Spitzen-Duo lacht peinlich berührt. Was zunächst als Charmeoffensive gegenüber der Co-Vorsitzenden gedeutet werden könnte, entlarvt sich rasch als scharfe Stichelei gegen den männlichen Star. Im weiteren Gespräch, das eher einem Verhör gleicht, hält es Lanz, der unablässig mit dem Kopf nickt, als wolle er seine beiden Gesprächspartner zur Eile bei den ohnehin knapp ausfallenden Antworten anhalten, nur mit Mühen auf dem Stuhl.

Unter fieberhafter Anspannung versucht er, Habeck und Baerbock mit längst überholten Grünen-Klischees wie die »Anarchos«, »die mit den selbstgestrickten Wollsocken« und »ein bisschen gegen Atomkraft« zu provozieren. Was das Publikum sichtlich und hörbar empört und das grüne Duo mit einer Mischung aus Unmut und Gelassenheit pariert, die im gleichen Maße zunimmt wie Lanz' Erregung. Der Talker erreicht schlussendlich das Gegenteil von dem, was er sich vorgenommen hatte: die Grünen als Luftnummer zu entlarven, und er bewegt sich dabei auf einem »Niveau auf Grasnarben-Höhe«, wie die *Frankfurter Rundschau* urteilt.[35]

In dem Interview mit dem *Zeit*-Magazin,[36] in dem Habeck die Sorge vor dem Scheitern in der Politik als lähmend zurückwies, wurde er auch gefragt, wie er sich vor überzogener Kritik schütze. Darauf antwortete Habeck, er wolle sich gar nicht davor schützen. »Ich glaube, dass das die Bedingung dafür ist, dass Politik in der Demokratie funktionieren kann: dass sie greifbar ist, im Menschen erlebbar ist. Aber greifbar sein heißt eben auch: sich angreifbar machen.« Dafür wird er Gründe und Vorwände liefern.

Und es wird sich zeigen, ob Robert Habeck über die Haut eines Elefanten verfügt.

Neue Worte braucht das Land

Während Robert Habeck als scheidender Draußenminister von Schleswig-Holstein im Sommer 2018 noch sein Haus bestellt, reist er schon als neuer Grünen-Parteichef gemeinsam mit seiner Co-Vorsitzenden Annalena Baerbock durch Deutschland. Nicht nur die Temperaturen, auch die Stimmung ist aufgeheizt.

Seit fast einem Jahr sitzt die AfD im Bundestag und zwingt den Parlamentariern ihre Agenda auf, die sich mit Fragen zur Flüchtlingspolitik und dem angeblichen Verrat am deutschen Volk beschäftigt. Die rechtspopulistische Partei ist darum bemüht, sich eindeutig vom Establishment abzugrenzen, und beansprucht für sich, den »wahren« Volkswillen zu vertreten. Wie dieser auszulegen ist, darüber streiten sich die wirtschaftsliberalen, konservativen und nationalistischen Kräfte in dem Sammelbecken der Unzufriedenen.

Seit AfD-Vertreter wie Alexander Gauland, Alice Weidel und Beatrix von Storch ein Mandat haben, wird ihnen in den Nachrichtensendungen und Talkshows des öffentlich-rechtlichen Fernsehens im Sinne der freien Meinungsäußerung Gelegenheit gegeben, ihre programmatischen und ideologischen Ansichten darzulegen. Offenbar finden ihre Meinungen Widerhall. In Bund und Ländern wächst die Zustimmung zur AfD weiter, im Osten ist sie in etwa doppelt so hoch wie im Westen. Die fremdenfeindlichen Parolen der Anhänger, die den äußersten rechten Rand der Partei bilden, lauten »Deutschland den Deutschen« und ähnlich.

In diesem Sommer 2018 hat das grüne Spitzen-Duo den Titel für seine Sommer-Tour wohl gesetzt: »Des Glückes Unterpfand« ist eine Anleihe aus der deutschen Nationalhymne, die damit »Einigkeit und Recht und Freiheit« verknüpft. Bei den Stationen, die sie besuchen, geht es auch darum, die Deutungshoheit über nationale Identität und geschichtsträchtige Symbole nicht den rechten Stimmungsmachern zu überlassen. Etwa das Hermannsdenkmal im Teutoburger Wald und die Wartburg bei Eisenach, wo im Nationalsozialismus etliche propagandistische Veranstaltungen abgehalten und das »Institut zur Erforschung und Beseitigung des jüdischen Einflusses auf das deutsche kirchliche Leben« gegründet worden war. Ebenso gehen sie an die Orte, die symbolisch stehen für den Aufbruch der demokratischen Bewegung in Deutschland, wie die Frankfurter Paulskirche und das Hambacher Schloss. Für die politische Rechte gleicht das einer Provokation. Und sie ist als solche gemeint.

Während die Grünen und Robert Habeck mit ihren Positionen zunehmend wohlwollende Zustimmung aus der bürgerlichen Mitte erfahren, formen die Rechten in ihren Reden und auf sämtlichen Social-Media-Kanälen ein weiteres Feindbild. Für die Geschichtsvergessenen sind die Politaufsteiger das Gegenteil von dem, als was sie selbst betrachtet werden wollen, als »Widerstandskämpfer gegen eine Diktatur«. Die stellvertretende AfD-Fraktionsvorsitzende Beatrix von Storch etwa bezeichnet die Grünen als »Klima-Nazis«.[37] Als Robert Habeck im Sommer 2018 in einem Interview mit dem Onlinekanal *Informr* den von der Neuen Rechten vorzugweise für andersdenkende Politiker jeder Couleur genutzten Begriff »*Volksverräter*« wie folgt kommentiert, hagelt es Proteste und Häme: »Ist ein Nazibegriff. Es gibt kein Volk, und es gibt deswegen auch keinen Verrat am Volk. Sondern das ist ein böser Satz, um Menschen auszugrenzen und zu stigmatisieren.«[38] YouTube-Nutzer »A. W. L.« betitelt Habeck daraufhin als »abscheuliche Politgestalt, ohne bezug auf ein praktisches Leben, auf eine funktionierende Gesellschaft«. Und meint, »Menschen mit Philosophie, Germanistik und Politologie, Soziologie u.d.g. sind brandgefährlich«.

An der Aussage Habecks, es gebe kein Volk, stören sich nicht nur die Rechten. Und er sieht sich zu einer Korrektur gezwungen. Im Nachhinein kommentiert er den Satz gegenüber der Nachrichtenagentur dpa so: Er habe mit »Volk« nicht den völkerrechtlichen Begriff gemeint, sondern ein »ethnisches, ausschließendes« Verständnis. Der Unmut aber ist geweckt. Und die Rechten bedienen sich dieser Aussage von Zeit zu Zeit. Als im Mai 2018 ebendieses, nicht von Habeck selbst gepostete, Zitat bei Facebook auftaucht und tausendfach so oder ähnlich vorzugsweise auf den Rechten nahestehenden Seiten geteilt wird, liefert es dem AfD-Bundestagsabgeordneten Frank Pasemann eine Steilvorlage, um Habeck als »Bundesvorsitzenden der Deutschlandhasser« zu bezeichnen.[39]

Wer auf YouTube nach dem Grünen-Chef sucht, findet unter den meistgeklickten Videos einen Beitrag von Tim Kellner.[40] Auf das Interview bei *Informr* bezugnehmend nimmt der ehemalige Polizeikommissar sich nach eigener Aussage vor, Habeck »psychologisch« und »faktisch« zu »zerpflücken«.

Mit deutscher Nationalflagge und »Je suis Deutschland«-Poster im Hintergrund beschreibt Kellner den Politiker als jemanden, der versuche, seinem Land zu schaden, als »Abziehbild«, als »Pseudointellektuellen« und »Pseudorebellen«, als unwissend, lächerlich und peinlich. Der Grünen-Chef wird die politische Rechte künftig ignorieren und dorthin verweisen, wohin sie vermutlich die Mehrheit der Deutschen wünscht: in die Bedeutungslosigkeit.

Als Robert Habeck im Herbst 2018 aus Schleswig-Holstein nach Berlin geht, macht er mit einem weiteren Buch von sich reden. Nach eigenem Bekunden ist der in den letzten drei Wochen der Sommerferien verfasste, 128 Seiten schmale Band der Versuch, seine Erkenntnisse aus seinem Studium in das Jetzt zu übersetzen.[41] Der Titel *Wer wir sein könnten* klingt nach einem aussichtsreichen Versprechen.[42] Der Inhalt wird, wie so oft, darauf keine eindeutige Antwort geben. Vielmehr formuliert der Autor gleich im ersten Kapitel eine Einladung zum Nachdenken darüber, was unsere Wahrnehmung bestimmt und leitet. Seine These lautet: Sprache schafft Wirklichkeit. Und so liegt der eigentliche Beitrag des studierten Sprachwissenschaftlers in seinem leidenschaftlichen Plädoyer wider die Zuspitzung, Verrohung und Stigmatisierung durch Worte. »Denn wie wir sprechen, entscheidet darüber, wer wir sind.«[43]

Anlass für ihn war eine Verschärfung der politischen und gesellschaftlichen Sprache, die zunächst nur rechtspopulistische Stimmen betrieben. Es geht um die verbalen Entgleisungen und geschichtspolitischen Verzerrungen der AfD-Meinungsbildner. Etwa wenn die stellvertretende Fraktionschefin Beatrix von Storch Bundeskanzlerin Angela Merkel als »die größte Rechtsbrecherin der deutschen Nachkriegsgeschichte« verleumdet.[44] Oder wenn der schleswig-holsteinische AfD-Fraktionsvorsitzende Jörg Nobis twittert, »den #schulzzug in den Hochofen« einfahren zu wollen.[45]

Mit dem Einsetzen der Flüchtlingskrise 2015, spätestens seit den sexuellen Übergriffen junger, überwiegend aus Nordafrika und dem arabischen Raum stammender Männer in der Silvesternacht in Köln 2015/16, lehnten sich zunehmend auch Vertreter bürgerlicher Parteien an den rechten Jargon an. Die Rede ist von »Asyltourismus«, »Flüchtlingswellen«, »Überfremdung« und »Gesinnungsmoral«, und Horst Seehofer, seinerzeit CSU-Vorsitzender und bayrischer Ministerpräsident, spricht von einer »Herrschaft des Unrechts«. Worte, die nur ablehnende Emotionen erzeugten und Angst schürten.

Habeck führt zahlreiche Beispiele dafür an, wie Wortbilder Geschichten erzählen, die böse enden können. Und manchmal auch mit Gewaltverbrechen, wie der mutmaßlich durch den Rechtsextremisten Stephan E. begangene Mord am Kasseler Regierungspräsidenten Walter Lübcke zeigt. Habeck seziert jeden einzelnen abwertenden Begriff auf seine eigentliche Bestimmung hin und untersucht die damit verbundenen Assoziationen.

Zwar nimmt er sich vorrangig die Rechtspopulisten vor, spricht sich selbst und die Linken jedoch nicht frei von Zuspitzungen und gedankenlosem Sprachgebrauch. Zugleich beschreibt er in seinem Buch, das es auf Rang sieben der *Spiegel*-Bestseller-Liste schafft,[46] wie eine andere Sprache Perspektiven für die Zukunft und kooperative Netzwerke ermöglicht, in denen die Menschen miteinander auf gemeinsame Ziele hinarbeiten.

Mit seinem kleinen Manifest bereitet er zugleich seine Partei mit ihren alltagsfernen Positionen darauf vor, sich aus der warnenden, moralisierenden Rolle zu befreien und sich in die Mitte der Gesellschaft zu begeben. Denn es lassen sich auch Bilder finden und eine Sprache formen, die eine Geschichte gut enden lassen und das Denken umkehren können.

Offenbar ist es an der Zeit, sich Gedanken darüber zu machen, wie allein schon durch Abwägen der Worte eine andere, menschenfreundlichere, offenere Atmosphäre erzeugt werden kann, die den lähmenden Stillstand auflöst. Wie das geht, hatte schon Barack Obama vorgemacht. Dem ersten schwarzen Präsidenten der Vereinigten Staaten von Amerika war es mit dem Grundgedanken von Hoffnung und Wandel gelungen, einen Stimmungswechsel im demoralisierten Land zu erzeugen. Auch die von Emmanuel Macron initiierte Bewegung »En Marche!«, mit der der heutige Präsident Frankreichs die von der rechtspopulistischen Partei Front National in Gang gesetzte Angstspirale stoppen konnte, ermutigt Robert Habeck, seinen Weg fortzusetzen.[47]

Früher oder später müssen sich er und die Grünen die Frage gefallen lassen, ob ihre selbst empfundene Begeisterung allein ausreicht, um eine neue Gesellschaft zu formen. Und ob die Begeisterung nicht nur dann Bestand haben kann, wenn den Worten auch Taten folgen.

Doch in diesen Tagen gilt der Kopf der Partei, die sich gerade neu erfindet, als ein begnadeter Geschichtenerzähler. Ein gescheiter Typ, der sich durch sein turbulentes Familienleben, ihn immer wieder auf den Boden von Tatsachen und Existenzängsten zwingende Bauern und Fischer aus dem Elfenbeinturm der Sprachwissenschaft befreit hat und sich wohl die Worte des Philosophen Karl R. Popper zu Herzen genommen hat: »Das Schlimmste … ist, wenn die Intellektuellen versuchen, sich ihren Mitmenschen gegenüber als große Propheten aufzuspielen und sie mit orakelnden Philosophien zu beeindrucken. Wer's nicht einfach und klar sagen kann, der soll schweigen und weiterarbeiten, bis er's klar sagen kann.«[48] Wie Popper hat auch Habeck eine Allergie gegen »das Phrasendreschen, das Vorgeben einer Weisheit« und zeigt sich besorgt über die Gefahr, diese Allergie im politischen Geschäft Berlins zu verlieren.[49]

Recht und Freiheit

Als Philosoph hat sich Habeck mit verschiedenen, teils kontroversen Gedankenexperimenten befasst, auf die keine andere als die Geisteswissenschaft eine Antwort gibt. Es sind die Fragen nach dem Sinn des Seins und Handelns. Was Gerechtigkeit bedeutet. Was »gut« ist und was »böse«. Wer sich intensiv mit diesen Fragen beschäftigt, erkennt, dass es die eine, allgemeingültige Antwort nicht geben kann. Daher unterscheiden sich Habecks Denken und die Art und Weise, auf die er Einfluss nimmt, von Prinzipienreitern und Moralisten, von Bedenkenträgern und Zauderern.

Im Auftrag der grünennahen Heinrich-Böll-Stiftung war Robert Habeck im Jahr 2009 nach Washington gereist. Als einer unter mehreren Autorinnen und Autoren verfasst er nach der Wahl von Barack Obama in einem *Diary of Change – Tagebuch zum Wechsel* einen Beitrag über die Stimmung in den USA, in denen eine neue Ära eingeleitet zu sein scheint.[50] Er bescheinigt dem charismatischen Präsidenten, »stark in der unmittelbaren Präsenz der gesprochenen Rede« zu sein und dass man ihm trotz mangelnder Fachkompetenzen einfach glaube. Habeck analysiert Mimik und Gestik Obamas, der »die Hände oft gefaltet« hält, nachdenklich schaut und den Blick »von unten nach oben« gehen lässt. Der Beobachter schließt daraus, Obama sei es so gelungen, »zu zeigen, dass man vor ihm, dem ›schwarzen Mann‹, keine Angst haben muss«. Das klingt beinahe nach einer Selbstbeschreibung.

Während Habeck bei seinem Einstieg in die Politik seine Parteifreundinnen und Parteifreunde noch mit allzu abstrakten Ideen und komplizierten Reflexionen verwirrte, fasst er seine Anliegen jetzt mit rhetorischem Geschick in präzisere Sätze. Seine glaubhafte persönliche Unabhängigkeit vom Politikerklischee bestimmt seine Anziehungskraft. Unweigerlich fühlt man sich an ein fiktives Streitgespräch zwischen dem Denker Sokrates und dem Redner Gorgias erinnert, das Platon als *Gorgias*-Dialog verfasst hat. Gorgias behauptet darin, dank seiner rhetorischen Fähigkeiten Macht über andere ausüben zu können.[51] Dabei komme es weniger auf Fachkompetenzen an als vielmehr auf die Kraft der Überzeugung. Denn ohne eine gut ausgebildete Kommunikationsfähigkeit, werde man trotz seines Wissens nichts erreichen. Sokrates bezweifelt, dass allein die Kunst der Rhetorik zum Ziel führe, und fordert ein, man müsse für sich klären, worin eigentlich das wahrhaft Gute, die eigentlich gute Absicht liege. Nach seiner Überzeugung beruht das wahrhaft Gute auf der naturgemäßen Ordnung, die der Mensch sowohl in der Gesellschaft wie in seiner eigenen Seele zu wahren habe.

Welche Ordnung herrscht in Habecks Seele? Und wie viel Ordnung herrscht in den Seelen derer, die er für seine Erzählung von Weltoffenheit, Gemeinsinn, von Zusammenhalt, sozialer wie ökologischer Gerechtigkeit und Freiheit gewinnen will?

Habeck scheut sich nicht, öffentlich über Lösungen nachzudenken. Dass er zugibt, nicht alle Antworten zu kennen, lässt ihn glaubwürdig erscheinen. Deshalb traut man ihm zu, so lange darüber nachzudenken, bis er sie gefunden hat. Beim Sondieren »haut er schon mal radikale Forderungen raus, um zu gucken, wie nehmen die Wähler das wahr, wie reagiert die politische Konkurrenz. Um daraus Schlüsse zu ziehen, ob er eine politische Mehrheit für sein Vorhaben bekommt«, berichtet ein politischer Weggefährte. Und auch eine grüne Parteifreundin urteilt, »Robert weiß, bis wohin man den Knopf drehen kann«. Man kann das Taktik nennen, eine Strategie oder politischen Instinkt, ohne den ein Aufstieg in der Politik unmöglich ist.

Die Grünen werden, ähnlich der FDP, als Partei der Intellektuellen und Wohlsituierten aus eher urbanen Milieus betrachtet. Was aber fangen jene mit dieser Erzählung an, die weniger gut gebildet sind und gerade mal so über die Runden kommen? Denn das Nachdenken über ihre persönliche Zukunft richtet sich auf die Sicherheit ihrer Arbeitsplätze. Ob sie von einem Job überhaupt leben können. Ob Wohnraum bezahlbar bleibt.

Jeder weiß, dass klima- und umweltschützende Politik nicht umsonst zu haben, sondern mit Verzicht oder höheren Ausgaben verbunden ist. In einem Interview mit der *Südwest Presse* lässt Robert Habeck durchblicken: »Wir sind keine Verwalter des Stillstands. Wer uns wählt, weiß und will, dass sich damit Gravierendes ändert.«[52]

Das Versprechen von etwas Neuem, gar Gravierendem, und davon, wie es sein könnte, nehmen jedoch möglicherweise viele nicht als Versprechen wahr, sondern vielmehr als eine Bedrohung. Denn wie sind die komplexen Zusammenhänge zu vermitteln, dass die tägliche Scheibe Wurst oder Käse Auswirkungen auf das Tierwohl, auf Nitrateinträge in das Grundwasser, auf den Flächenverbrauch, globale Handelsbeziehungen, die Armut in Drittländern und den Klimawandel haben? Zumal die Menschheit seit der Steinzeit nicht in der Lage ist, in über das Individuelle hinausgehenden Dimensionen zu denken. Die Hirnstruktur der Menschen lässt lediglich eine Konzentration auf gegenwärtige, fassbare Risiken und deren Auswirkung auf das Persönliche zu.[53]

In seiner politischen Autobiografie *Wer wagt, beginnt* schreibt Habeck, für ihn gehe es »in der Politik im Wesentlichen darum, dass Menschen um die Möglichkeiten zur freien Entfaltung ringen, um die Souveränität über ihre Entscheidungen«. Freie Entfaltung jedoch könne zu Egoismen verleiten, gibt er zu bedenken. Deshalb ist die persönliche Freiheit für Habeck »nur im Zusammenspiel mit gemeinschaftlichen Werten sinnvoll und erträglich«.[54] Somit unterwirft er das Streben nach Freiheit einer Art sozialer Kontrolle, der auch er selbst sich gestellt hat. Als Student, als Vater, Ehemann und Schriftsteller hat er seine Verantwortung konsequent wahrgenommen und seinen individuellen Freiheitswillen mit den Bedürfnissen und Erfordernissen seiner Familie abgeglichen. Er musste Kompromisse schließen, er hat sich dazu bekannt. Denn nach seinem liberalen Menschenbild geht mit der Freiheit des Einzelnen, jederzeit Ja oder Nein sagen zu können, die Verantwortung für die Gemeinschaft einher. Ändern sich die Rahmenbedingungen, können jederzeit neue Vereinbarungen getroffen werden.

Offenbar haben sich andere Politiker der bürgerlichen Mitte von diesem Modell inspirieren lassen. Nach den aufgeheizten Kontroversen der Vergangenheit ist seit Monaten die Rede von der Freiheit der Bürgerinnen und Bürger. Fast sieht es danach aus, als hätten sie alle ein paar Lektionen der gewaltfreien Kommunikation nach Marshall Rosenberg absolviert. Um nur ja niemanden zu verstören oder zu verärgern, werden keine Vorschriften oder Verbote erlassen, sondern Vereinbarungen auf der Basis von Freiwilligkeit getroffen. Die Rede ist von »positiven Anreizen« für die Industrie. Etwa der Einführung einer Nährwertampel für Lebensmittel oder Umweltpakten, die mit der Automobilindustrie geschlossen werden. Ist das das Ende der Bevormundung?

Vielleicht. Denn Politik ist nie fertig. Es wird sich noch zeigen müssen, ob das Prinzip der Freiwilligkeit tatsächlich zugunsten der Gesellschaft aufgeht.

Robert Habeck ist vorsichtiger geworden in seinem ersten Jahr als Parteivorsitzender. Kontrollierter. Weniger spontan. Das Strahlen, das sich in seinen Augen zeigte, wenn er von seinem Job als Draußenminister sprach, leuchtet nun nur noch selten auf. Doch er denkt immer noch und immer wieder an den Satz von Václav Havel »Hoffnung ist nicht die Überzeugung, dass etwas gut ausgeht, sondern die Gewissheit, dass etwas Sinn hat, egal wie es ausgeht.«[55]

KAPITEL 5
ALLES KLAR ZUR WENDE

Robert Habecks Popularität in Schleswig-Holstein beruhte in weiten Teilen auf seiner Begabung, sich Vertrauen durch die Bereitschaft zum Dialog und Kompromiss zu sichern. Das gelang ihm immer dann, wenn er in der unmittelbaren Begegnung Nähe zu seinen Verhandlungs- und Gesprächspartnern herstellen konnte. An der Basis. Im direkten Kontakt. Doch nun teilt der ehemalige Draußenminister, der lieber unterwegs war als in seinem Amtszimmer in Kiel, ein Büro mit der grünen Co-Vorsitzenden Annalena Baerbock im Zentrum der Hauptstadt. Und er sucht weiterhin den Kontakt mit den Menschen da draußen. Wird sein Idealismus, von dem er 2016 noch behauptete, der sei in seinem Ministeramt gewachsen,[1] ungebrochen weiter zunehmen?

Um Neues zu beginnen, muss man das Loslassen wagen. So wie es Robert Habeck tut. Und auch seine Frau. Vor dem Wechsel ihres Mannes in den Bundesvorstand der Grünen prognostizierte Andrea Paluch: »Ich hab schon viele als normale Menschen nach Berlin gehen sehen, die jetzt anders sind. Doch solange wir da sind und uns diese Gefahr bewusst ist, wird das gehen.«[2]

Für die vierfachen Eltern ist schon jetzt vieles anders. Der älteste Sohn ist 22, der Jüngste ist bald volljährig, die Söhne sind weitgehend unabhängig. Andrea Paluch, die zuletzt Kolumnen schrieb und als Lernberaterin in Flensburg gearbeitet hat, nimmt ihre Homepage www.andrea-paluch.de aus dem Netz.[3] Auch Robert Habeck trennt sich in seiner offiziellen Web-Präsenz von allzu Persönlichem und Hinweisen auf sein früheres Leben als Romanautor. Die Internetpräsenz des seit 23 Jahren verheirateten Autoren-Duos ist erloschen. Aus dem Gemeinsamen ist ein Nebeneinander geworden. Wie viel Zeit und Raum wird für das Miteinander bleiben?

Andrea Paluch zieht es nun häufiger nach Berlin. Sie genießt das Leben in der quirligen Hauptstadt. Sie saugt die Kultur und inspirierende Kontakte auf, wie sie in einem Interview mit der Frauenzeitschrift *Myself* verrät.[4]

Über ihren Mann reden? Das will sie nicht. Nicht mehr. Jetzt, wo es nicht mehr um das gemeinsame Familien- und Arbeitsmodell geht, von dem sie sich ebenso verabschiedet hat wie ihr Mann. Und so soll ihr nächster Roman von Frauen handeln, deren Leben sich grundlegend verändert, wenn die Kinder das Haus verlassen oder Männer die langjährige Gefährtin gegen eine andere austauschen. Wird auch dieser Roman, so wie *Zwischen den Jahren*, gut für die Protagonistin enden? Davon ist auszugehen. So oder so. Denn Robert Habecks Frau ist überzeugt: »Wenn etwas endet, beginnt etwas Neues. Das ist für uns nichts Bedrohliches.«[5]

In der Tat scheint der Wechsel nach Berlin für ihn persönlich nichts Bedrohliches zu haben. Das Gegenteil ist der Fall.

Die Nachrichtenlage im Jahr 2019 ist bestimmt von den nicht enden wollenden Konflikten in Syrien und Afghanistan, den Hungersnöten und dem genozidalen Krieg im Jemen, der De-Stabilisierung im Nahen Osten. Den Handelskriegen und dem Brexit-Gezerre, deren Auswirkungen, wie etwa eine schwächelnde Wirtschaft, nur allmählich in das Bewusstsein der in Deutschland lebenden Menschen dringen. Die Folgen sind noch nicht spürbar. Noch tun sie nicht weh. Anders als eine Bedrohung, vor der Wissenschaftler Jahrzehnte gewarnt hatten.

Im zweiten Rekordsommer in Folge würden die Urlauber an den Stränden der Nord- und der Ostsee am liebsten von einem nicht enden wollenden Sommer träumen. Derweil wird etwa in Lingen mehrfach die 42-Grad-Grenze überschritten. Es folgen Berichte von drohenden Ernteausfällen, Dürre, Extremwetter, die Menschheit habe den Planeten um so vieler Rohstoffe beraubt, dass dieser sich nicht mehr selbst regenerieren könne. Botschaften, die die sommerfrische Unbeschwertheit wie Sand zwischen den Fingern zerrieseln lassen.

Es ist höchste Zeit, ökologischer statt nur ökonomisch zu denken. Die Grünen tun das schon lange. Und es sieht alles danach aus, als hätten sie wohl doch recht gehabt. Das bringt ihnen Sympathiepunkte und Zustimmung ein. Bei der Europawahl im Mai 2019 wurden sie in Deutschland zur zweitstärksten Kraft hinter der Union aus CDU und CSU. Ein Ergebnis, mit dem sie tatsächlich die SPD als führende Kraft im Mitte-Links-Lager ablösen könnten. Auch in den Meinungsumfragen erreichen Bündnis 90/Die Grünen Spitzenwerte, im Juni 2019 knacken sie die 25-Prozent-Marke.[6] Kurzzeitig überflügeln sie sogar die sonst unangefochtene Nummer eins CDU/CSU. Ähnlich ergeht es ihrem Star, dem dieser schwindelerregende Auftrieb zugeschrieben wird. Robert Habeck rangiert als beliebtester Politiker des Landes laut ZDF-*Politbarometer* noch vor Angela Merkel.[7] Unweigerlich spekulieren die Medien: »Robert Habeck – Unser nächster Kanzler?«[8] Dabei stellt sich diese Frage nicht. Noch nicht. Denn erst 2021 sind, wenn es keine vorgezogenen Neuwahlen gibt, wieder Bundestagswahlen. Wohlmeinende Stimmen sorgen sich angesichts des Habeck-Hypes bereits darum, ob der Wechsel des Seiteneinsteigers nach Berlin für ihn persönlich nicht doch ein Fehler gewesen sei. Und ob der Polit-Star, der wohlkalkuliert vorgehe, aber doch eine »ehrliche Haut« sei, möglicherweise demnächst »niedergeschrieben« würde. Als moralische Instanz Diskurse über eine ökologisch und sozial gerechte Zukunft anzustoßen allein wird nicht reichen. In Berlin muss er liefern. Es gilt, auf komplexe Zusammenhänge kleinteilige Antworten zu finden.

Und sollten die Wähler den Grünen tatsächlich bis nächsten Bundestagswahl gewogen bleiben, gäbe es noch eine personelle Alternative, die in diesen Monaten kaum Beachtung findet und doch maßgeblich zu dem Höhenflug beigetragen hat: die Co-Vorsitzende Annalena Baerbock.

Die Frau an seiner Seite

Dass er einen brillanten Solisten abgibt, hat Robert Habeck schon bewiesen. Aber ist er ein echter Teamplayer?

Als Minister setzte er mit der ihm eigenen Ungeduld durchaus mal Sonderwege gegen seine Fraktion durch. In der Berliner Zentrale wird er stärker darauf achten müssen, dass er seine Mitstreiter mitnimmt. »Ob man ein guter oder ein schlechter Politiker ist, entscheidet sich daran, ob man seine Positionen mehrheitsfähig machen kann«, schrieb Habeck in seinem Buch *Wer wagt, beginnt.*[9] Und das gilt zunächst einmal für die Parteibasis und den Parteivorstand der Grünen. Denn sie werden die Kompromisse mittragen müssen, die notwendig werden könnten, um die Grünen über das Sommerloch hinaus weiter an der Spitze zu halten.

Habecks unverzichtbare Partnerin dabei ist Annalena Baerbock. Als sie gemeinsam mit ihm in den Parteivorsitz gewählt wurde, gab es gleich zwei Signale an die grüne Basis. Zum einen wurde der Realo-Fundi-Proporz ausgehebelt, der damit endgültig der Vergangenheit angehören sollte. Zum anderen dürfte die Wahl als positives Signal an die Ost-Grünen verstanden worden sein, die sich lange unterrepräsentiert sahen und nun mit der Landesvorsitzenden aus Brandenburg eine engagierte Stimme bekamen.

Die heute 38-Jährige ist in einem kleinen Dorf in Niedersachsen aufgewachsen, gemeinsam mit ihren beiden Schwestern und zwei Cousinen. Die Mutter ist Sozialpädagogin, der Vater Maschinenbauingenieur, beide politisch interessiert. Baerbock studierte Politikwissenschaften und Öffentliches Recht in Hamburg und Völkerrecht in London. Nach ihrem Abschluss 2005 arbeitete die leidenschaftliche Trampolinspringerin für die Europaabgeordnete Elisabeth Schroedter, die sie für die Parteiarbeit bei den Grünen gewinnen konnte. Seit 2008 war sie außen- und sicherheitspolitische Referentin für die Bundestagsfraktion und fünf Jahre lang Sprecherin der Bundesarbeitsgemeinschaft Europa. Seither lebt sie in Potsdam und gehörte auch dem Landesvorstand der Grünen in Brandenburg an. Während eines Praktikums lernte sie ihren Mann Daniel Holefleisch kennen, der bei Bündnis 90/Die Grünen Kontakte zu Unternehmen herstellte und seit 2017 für die Public Affairs der Deutschen Post zuständig ist. Und auch für die kleine gemeinsame Tochter, um die überwiegend er sich kümmert. Dafür arbeitet er auf seinem Managerposten bei der Deutschen Post mit reduzierter Stundenzahl.

In ihrer umjubelten Rede bei der Wahl des Spitzen-Duos hatte Annalena Baerbock klargemacht, dass sie nicht vorhabe, in Robert Habecks Schatten zu segeln. Und wurde dafür mit donnerndem Applaus belohnt. Dass es zu Überschneidungen der Kompetenzen und Expertisen kommen würde, wäre also vorauszusehen gewesen. Hätte sich das neue Spitzen-Duo nicht geschworen, »dass wir uns durch nichts auseinanderbringen lassen werden«.[10]

Im Gegensatz zu Habeck ist Baerbock der Berliner Politikbetrieb vertraut. Seit 2013 sitzt sie im Bundestag und redet in Ausschüssen mit. Sie hat bei den Jamaika-Sondierungen von CDU/

CSU, FDP und Grünen 2017 das Thema Europa mitverhandelt. Und von 2013 bis 2017 war sie klimapolitische Sprecherin der Bundestagsfraktion, genau das Kernthema, mit dem Ex-Landesminister Habeck reüssierte.

Doch der meldet sich nun häufiger bei sozial- und arbeitsmarktpolitischen Fragen zu Wort. Und dabei geht es ihm nach eigenem Bekunden um nichts weniger als »um [die] Ertüchtigung und Ermutigung von Menschen, und darum, die Zukunftsangst kleinzukriegen«. Denn es ist die Angst, die Menschen lähmt und manipulierbar macht. Und es ist Mut, den jeder Einzelne braucht, um Veränderung zu gestalten.

Der intellektuelle Habeck kümmert sich um den programmatischen Überbau mit souveräner Geschmeidigkeit, gepaart mit jungenhaftem Charme. Baerbock setzt dagegen klare Akzente. Sie ist eine, die sich gern in kräftigen Farben oder großzügigen Mustern sichtbar macht, dabei aber zügig und unverblümt auf den Punkt kommt und nicht mit Selbstironie spart. Um sich Gehör für ihre Aussagen zu verschaffen, neigt sie anfangs noch zu temperamentvoller Lautstärke und Schnellrednerei, die manchen Zuhörer überfordert. Wer sie reden hört, findet sie trotzdem »klasse«. Denn ihre wahren Stärken sind ihre Unbestechlichkeit und ungeschminkte Authentizität.

Ihr wird im Vergleich zu Habeck die höhere Sachkompetenz zugesprochen. Und die noch größere Leidenschaft, wenn es um Gerechtigkeit geht.

Eigentlich hatte sie Kriegsreporterin werden wollen,[11] weil sie das Elend der im Mittelmeer ertrinkenden Flüchtlinge, der Hungernden kaum ertragen kann und die Welt zum Hinschauen animieren und entschlossenem Handeln zwingen will. Sie begründet ihre Politik aus eigenen Alltagserfahrungen. Ihr nimmt man ab, dass sie weiß, wie es den Leuten abseits der Städte im ländlichen Raum geht. Mit welchen Strukturproblemen Familien, Jugendliche und Senioren, Arbeitslose und Pendler sich dort täglich abmühen müssen. Das wird sich noch als hilfreich erweisen.

Nach außen strahlen Annalena Baerbock und Robert Habeck als Traumpaar. Sie ist zuständig für die Inhalte, er für die Strategie und großen Auftritte. Man fühlt sich beinahe an eine klassische Rollenverteilung erinnert. Wie das Duo dem Magazin *Stern* gestand, sei gegenseitige vorbehaltlose Unterstützung ihre Methode, um »belastbar zu bleiben, zu regenerieren«. Vor allem verließen sie sich darauf, »dass der andere nicht nur darauf lauert, mächtiger zu werden«.[12] Selbst dann, wenn sie, wie meist, nicht gemeinsam, sondern getrennt wichtige Termine wahrnehmen.

Auch wenn in der öffentlichen Wahrnehmung gern darüber hinweggesehen wird, trägt Annalena Baerbock maßgeblich zur Stabilisierung der Partei und auch ihres Spitzen-Partners nach innen bei. Denn während Habeck, dem Visionär, die Sympathien zufliegen, hält sie ihm den Rücken frei. Etwa wenn er in seiner Impulsivität vorprescht. Und sie zügelt ihn, wenn er seine Gedanken noch nicht zu Ende gedacht hat.

Robert Habeck weiß, wie unverzichtbar seine zweite Hälfte ist. Im ZDF-*Morgenmagazin* vom 17. Juni 2019 sagt er, seine Partei werde auch im Fall von vorgezogenen Neuwahlen mit einer Doppelspitze in den Wahlkampf ziehen. Denn »geteilte Macht ist doppelte Stärke«.[13] Nur ist ein Kanzler-Duo verfassungsrechtlich nicht möglich. Auch mit diesem Argument ist die ewige Kanzlerfrage nicht vom Tisch, mit der versucht wird, eine grüne Machtdebatte auszulösen.

Personalfragen lenken von anstehenden Problemen ab. Und sollten die beiden allzu deutlich zeigen, dass Machtoptionen in den Vordergrund rücken, könnte der Aufwind schnell in eine Flaute umschlagen.

Derweil fühlen sich andere Spitzengrüne gedrängt, auf die Kanzler-Option zu antworten. Etwa Daniel Cohn-Bendit. Ein Grüner der ersten Stunde, der sich 2014 aus der aktiven Europapolitik zurückgezogen hat. Als die *Zeit* ihn unter anderem zu den Machtverhältnissen der Grünen befragt,[14] sagte er: »Für mich ist Robert Habeck ganz klar die Person, die als erster grüner Bundeskanzler in die Geschichte eingehen kann.« Und weil er um den berechtigten Emanzipationswillen seiner Parteifreundinnen weiß, schiebt er nach, es sei nicht so, dass er Annalena Baerbock einen solchen Job »nicht zutrauen« würde. Aber Habeck sei nun mal »*DIE* grüne politische Persönlichkeit, die zum Kanzleramt führen« könne. Und knüpft gleich noch einen Appell daran, den die Adressatin als schwere Hypothek“ interpretieren dürfte: »Mein Wunsch wäre, dass Annalena Baerbock ihn vorschlägt und ein Parteitag Robert Habeck aufstellt. Ich traue ihr diese Klugheit absolut zu.«

Robert Habeck mag als »Popstar der Grünen« gelten, aber – da sind sich viele Parteifreundinnen und -freunde einig – der wahre Boss, die Wurzel des grünen Baumes, ist Annalena Baerbock. Sollte sich eines Tages also wirklich einmal die Kanzlerfrage stellen, wird sich zeigen, ob die beiden wirklich nichts auseinanderbringen kann.

Grün 4.0

Die wachsende Zustimmung der Bevölkerung in den Umfragen scheint den neuen Kurs der Partei zu bestätigen. Der Wind hat sich unter dem gegenwärtigen Spitzen-Duo gedreht und schiebt die Grünen mit einer ordentlichen Brise an. Im November 2019 stehen die Posten der beiden Chefs turnusgemäß wieder zur Wahl, es sieht schon jetzt danach aus, als würden Baerbock und Habeck erneut das Rennen machen. Und sie machen Tempo.

Nach dem einander in gegenseitigem Misstrauen verbundenen Spitzen-Duo Simone Peter und Cem Özdemir wirkt die ungewohnte, demonstrative Geschlossenheit zwischen Baerbock und Habeck bis in die Parteibasis hinein. Allerdings sind die neuen Vorsitzenden nicht gewillt, allzu viel Rücksicht auf Befindlichkeiten in den eigenen Reihen zu nehmen, wie Robert Habeck in einem Interview mit der *Süddeutschen Zeitung* durchblicken lässt: »Im Moment (…) ist es Aufgabe eines guten Parteivorsitzenden, möglichst wenig über die eigene Partei nachzudenken und möglichst viel über die politische Lage und das Leben der Menschen. Das ist eine große Versuchsanordnung, die Annalena und ich da gerade vor uns haben.«[15] Dazu gehört, das zuletzt 2002 aktualisierte Grundsatzprogramm ihrer Partei dem angestrebten Kurs anzupassen.

Bereits im April 2018 hatte der Parteivorstand ein »Impulspapier« vorgelegt, das für Diskussionen vor allem bei den technologiekritischen Parteifreundinnen und -freunden sorgen sollte.[16] Unter dem Titel »Neue Zeiten. Neue Antworten – Das Politische braucht einen Neustart« beschreibt der Vorstand die Lage der Nation und der Welt, die von den Folgen der globalen Ökokrise und des Klimawandels bedroht seien. Bedroht sei ebenso die Demokratie »durch neue Kräfte mit altem Ressentiment und häufig auch Rassismus«, durch digitalen Kapitalismus und den »weltweite[n] Aufstieg eines autoritären Politikertyps«. Dies alles erfordere »frisches Denken, neue Antworten und entschiedenes Handeln« – mit Mut, Optimismus und Schaffenskraft. Die Partei müsse in ihrem neuen Grundsatzprogramm »klären, was Arbeit, Recht, Gerechtigkeit, Frieden, Freiheit, ja Deutschland und Staat unter den Bedingungen einer ökologisch-industriellen und digital-globalen Veränderung bedeuten«. Von der Parteispitze sei nachdrücklich Denkfreiheit erwünscht. »Wir machen die Grünen zur Ideenwerkstatt der Republik«, rief Habeck seine Parteifreundinnen und -freunde auf.

Der Vorstand regte etwa an, die Förderung neuer Technologien könnte eine Option sein, um »die Versorgung mit Nahrungsmitteln auch dort zu garantieren, wo der Klimawandel für immer weniger Regen oder für versalzenen Boden sorgt«. Der Vorstoß fällt ausgerechnet in eine Phase, in der über die EU-Zulassung einer innovativen biotechnischen Methode gestritten wird: die Gen-Schere CRISPR/Cas9, mit der sich das Erbgut durch gezielte Einschnitte verändern lässt. So könnten etwa Pflanzen resistenter und ertragreicher gemacht werden. Ein Ansinnen, das die frühere Ernährungs- und Landwirtschaftsministerin und langjährige Bundestagsfraktionsvorsitzende der Grünen Renate Künast geradezu »erzürnt«, da der bisherige Ansatz der Grünen zur Sicherung der Welternährung eine Veränderung des weltweiten Ernährungs- und Agrarsystems ins Visier genommen hatte. Und eben nicht Methoden, die – übrigens auch nach Ansicht des Europäischen Gerichtshofs – der Gentechnik zuzurechnen sind. Doch der Bundesvorstand will das Nachdenken fördern mit dem Hinweis, die »großen Veränderungen des Fortschritts – digitale Tools, emissionsfreie Energiegewinnung, biochemische Produkte, neue Wohnformen – sie sind weder per se gut noch per se schlecht, weder Gefahr noch Chance an sich. Es sind neue Möglichkeiten. Und ob wir sie ergreifen oder vertun, ob wir sie verwerfen oder nutzen, das sind politische Entscheidungen, emanzipatorische Entscheidungen.« Weniger Kampf also um politische Korrektheiten, Gendergerechtigkeit und Queer-Debatten, die die meisten der in Deutschland lebenden Menschen im besten Fall am Rande tangieren. Dafür mehr Entschlossenheit, die wirklich entscheidenden Themen anzupacken.

Als die Parteimitglieder auf einem Konvent im März 2019 eine Zwischenbilanz ziehen, um auszuloten, wie die Basis zu dem neuen Grundsatzprogramm steht, scheint sich das Unbehagen in Grenzen zu halten. Etwa wenn Annalena Baerbock sagt, der Markt müsse Teil der Lösung werden und die soziale Marktwirtschaft sich dann eben zu einer »sozial-ökologischen Marktwirtschaft« wandeln. Oder wenn Robert Habeck erläutert, der Programmentwurf atme ein »eigentlich positives Verhältnis zu Innovation und Technik«, und als Beispiele erneuerbare Energien und Stromspeichertechnik anpreist. Die Mitglieder, die den Grünen in den letzten Monaten zugelaufen sind, können durchaus etwas anfangen mit der neuen Freiheit und Offenheit. Von allen anderen ist die Fähigkeit zum Kompromiss gefragt. Doch erst nach den nächsten Bundestagswahlen dürfte sich zeigen, ob Robert Habeck und seiner Co-Vorsitzenden gelungen ist, was er sich für die Grünen vorgenommen hat: keine Klientelpolitik, sondern »Politik in breiten Bündnissen, entlang von Werten und mit klaren Zielen zu machen«.[17]

Angesichts des ausgeprägten Spitzenteam-Gedankens ist indes kaum mehr auszumachen, wie stark Habeck die Ausrichtung seiner Partei dominiert. Es heißt, manche duldeten seinen Einfluss, andere passten sich an. Wieder andere schweigen. Offenbar wird die häufig beschworene Geschlossenheit der Grünen doch nicht einheitlich als solche wahrgenommen. Deutlich wird das etwa, wenn Habeck in einer Diskussionsrunde bei *dunja hayali* im Hinblick auf den Kohleausstieg Distanz aufbaut mit den Worten »meine Partei, und auch ich persönlich bin dafür, dass der Kohlekompromiss umgesetzt wird«.[18]

Zurzeit regieren die Grünen in neun Bundesländern mit, im Bundesrat haben sie ein gewichtiges Wort mitzureden. Aber reicht das, um eine andere Regierungswirklichkeit herbeizuführen? Die Grünen wissen ihre Erfahrung zu nutzen. Sie sind keine »Ökodiktatoren« mehr, sondern mischen sich ein bei der Vermögenssteuer, in Fragen der Wohnungsbaupolitik und inneren Sicherheit, bei sozialpolitischen Themen. Sie wollen die Gesetze der sozialen Marktwirtschaft grundlegend neu denken und sich der Sorgen des Mittelstands annehmen. Und sie suchen über ein geplantes Treffen mit Frankreichs Präsident Emmanuel Macron sowie im Austausch mit der schottischen Ersten Ministerin Nicola Sturgeon Kontakte in der europäischen Außenpolitik. So viel bürgerliches Engagement veranlasst *Heute-Show*-Moderator Oliver Welke schließlich, Robert Habeck zu fragen: »Sind Sie noch Rock'n'Roll oder schon Bausparvertrag?«[19]

Mit ihrem Anspruch, nun in weiteren als nur in den urgrünen Ressorts mitreden zu wollen, bringen die Grünen die traditionellen Parteien ins Wanken. Robert Habecks Satz, »Politik ist der Wettstreit darüber, wer die besten Argumente für seine Ideale hat«, dürften sie als Warnung auffassen.[20] Denn eine im Sommer veröffentlichte Studie des Otto-Stammer-Zentrums in Berlin zeigt, dass sich die Mitgliederzahlen der beiden großen Volksparteien seit 1990 halbiert haben, einzig die Grünen und seit 2013 auch die AfD verzeichneten einen kräftigen Zuwachs von 82,3 Prozent beziehungsweise 89,5 Prozent.[21] Ebenso wächst die Wählerzustimmung zu den zwei Parteien weiter, die gegensätzlicher nicht sein könnten.

Wohin der Kurs nun gehen soll, ist klar: Bündnis 90/Die Grünen wollen die Lücke schließen, die die SPD als einst führende Kraft im Mitte-Links-Lager hinterlassen hat. Die kleinste im Bundestag vertretene Fraktion will laut Habeck »Verantwortung auch in Bereichen übernehmen, in denen wir uns bisher nicht auf andere verlassen konnten«. Es tue ihm »leid für die SPD«, gab er in der *taz* zu Protokoll, »aber im Augenblick bringt sie nicht die Kraft auf, strukturierende Kraft im progressiven Lager zu sein. Das ist die Rolle, die wir anstreben.«[22] Wie soll das gelingen? Mit dem neuen Grundsatzprogramm. Indem nicht von Flug- und Fleischscham gesprochen wird. Vor allem aber mit einer »einladenden Sprache« und der Annahme, »dass auch der andere recht haben kann«, wie ihr Bundesvorsitzender meint.[23]

Den Unionsparteien ist scheinbar genau das nicht gelungen. Die bayrische Schwesterpartei CSU zeigte sich zuletzt als beständige Quertreiberin, speziell in Fragen der Migrationspolitik.

Vor allem Bundesinnenminister Horst Seehofer sparte nicht mit unverhohlener Kritik an der Kanzlerin. Die Angst vor dem Erstarken der AfD führte zu einem deutlichen Rechtsruck in den Reihen der christsozialen Galionsfiguren. Zugleich wurde der seit Langem im Hintergrund schwelende Machtkampf zwischen dem amtierenden Ministerpräsidenten Seehofer und dem neuen Spitzenkandidaten Markus Söder für die im Herbst anstehende Landtagswahl offen ausgetragen.

Seit März 2018 regierte Söder, ein Alphatier wie sein Vorgänger, das südöstlichste Bundesland, das seit weit mehr als einem halben Jahrhundert mit satten Mehrheiten fest in den Händen der CSU ist. Da kommt es einer Sensation gleich, als die Grünen 17,6 Prozent der Stimmen bei den Wahlen im Herbst desselben Jahres holen, die CSU ihrer absoluten Mehrheit berauben und als zweitstärkste Kraft in den bayrischen Landtag einziehen. Als »historisch« wird die grüne Parteispitze diesen Abend bezeichnen. Ein traditionell tiefschwarzes Land wird plötzlich grün – tatsächlich scheint diese Wahl eine bundesweite Wende einzuläuten. Was in Schleswig-Holstein, in Baden-Württemberg und Bayern geschehen ist, war jahrzehntelang undenkbar. Und indiskutabel. Denn die Wurzeln der grünen Partei speisten sich aus dem Protest gegen alles, was den Bundesdeutschen lieb und teuer war. Doch spätestens mit dem für alle spürbaren Klimawandel ahnen wohl auch die Letzten, dass es mit einem Leben zulasten der Umwelt nicht weitergehen kann.

Ein Sommermärchen

Die Grünen hatten wohl doch irgendwie recht. Der ökologische Wahnsinn, der Zwiebeln aus Neuseeland in die deutschen Supermärkte spült, die Meere und Küsten mit Plastik überschwemmt, die Wälder sterben lässt und nicht zuletzt immer mehr Klimaflüchtlinge dazu zwingt, ihre Heimat zu verlassen, muss doch irgendwie zu stoppen sein.

Der plötzliche Sinneswandel in weiten Teilen der Bevölkerung wird unterstützt durch die *Fridays for Future*-Bewegung. In Gang gesetzt wurde die von einem Mädchen, das sich nach dem außergewöhnlichen Hitzesommer, der 2018 auch Skandinavien erfasste, mit einem Schild vor dem schwedischen Reichstag postiert hatte. »Skolstrejk för klimatet« stand darauf, »Schulstreik für das Klima«.[24] Bald darauf machten es ihr schwedische Schüler nach und schwänzten freitags die Schule, um gegen das nationale, europäische, gar weltweite Versagen in der Klimaschutzpolitik zu demonstrieren.

Greta, die sich auf ihrem Twitter-Profil als »16-jährige Klimaaktivistin mit Asperger« vorstellt und zunehmend radikalere Forderungen an die Weltenlenker stellt, wird zum globalen Idol einer Generation, die ewig leere Versprechen leid ist und dafür wieder auf die Straße geht. Dabei stützen sich die jungen Rebellen, deren Schulstreiks ebenso unumstritten wie wirkungsvoll sind, auf handfeste Forschungsergebnisse, die die rasant voranschreitende Erderwärmung als ein vom Menschen verursachtes Problem ausmachen. Von wenigen Ausnahmen wie dem Partei- und Fraktionsvorsitzenden der AfD, Alexander Gauland, abgesehen, glauben ihnen die Menschen nun endlich. Der weltweite Klimawandel und seine verheerenden Folgen lassen sich selbst in den eigenen vier Wänden nicht mehr wegdiskutieren. Nachdem die Kinder in vielen Familien schon auf das Essen von Fleisch und tierische Produkte verzichten, sie ihren Eltern schon das Rauchen abgewöhnt haben, drängen sie nun auf Abschaffung der Familienkutschen.

Es ist eine Revolution von unten, die die Republik im Jahr 2019 erfasst. Und Annalena Baerbock, Robert Habeck und die Grünen liefern den Überbau, der die bürgerliche Mitte auf einen radikalen Umbruch vorbereiten soll. Ihre Partei war die einzige, die den Klimawandel ernst nahm. Schon immer. Auch das mag die wachsende Zustimmung erklären, die die im September 2017 als kleinste Fraktion in den Bundestag eingezogene Partei von knapp 9 Prozent auf durchschnittlich 22 Prozent in den Umfragen im Oktober in der Wählergunst mehr als verdoppelt hat.[25]

Zu ihrem Erfolg tragen mehrere Faktoren bei. Wenn die Grünen sich uneins sind, diskutieren sie Standpunkte und Inhalte, sie fetzen sich jedoch nicht um Personalien. Sie konzentrieren sich auf Lösungsvorschläge, statt auf andere Parteien einzudreschen. Das fällt leicht, denn als Oppositionspartei müssen sie sich nicht mit unliebsamen Koalitionspartnern streiten. Und die Ökopartei konnte im Gegensatz zu den Regierungsparteien ihren Markenkern stärken, während CDU/CSU und SPD ihre Positionen bis zur Unkenntlichkeit aufgeweicht und sich über Führungsfragen zerlegt haben. Vor allem haben die Grünen nicht den Anschluss an die nachfolgende Generation verpasst, was ihnen jetzt durch sprunghaft ansteigende Parteieintritte zugutekommt. Nach eigenen Angaben konnte Bündnis 90/Die Grünen in den letzten 20 Monaten 25.000 neue Mitglieder gewinnen. Anfang September 2019 verkündet der politische Bundesgeschäftsführer, Michael Kellner, einen sensationellen Mitgliederrekord von 90.000.[26]

Nicht zuletzt dürfte es an diesem Quereinsteiger liegen, ihrem Frontmann, der sich so wohltuend abhebt von der Riege der Betonköpfe, die die Zeichen der Zeit nicht erkannt haben. Laut einer Emnid-Umfrage im Auftrag der *Bild am Sonntag* im Juni 2019 hätte Habeck bei einer Direktwahl des Bundeskanzlers klar das Duell mit der CDU-Vorsitzenden Annegret Kramp-Karrenbauer mit 51 zu 24 Prozent gewinnen können.[27]

Habeck selbst gesteht, dass mit der steigenden Beliebtheit seiner Partei, und wohl auch seinen persönlichen Zustimmungswerten, »immer ein Stein mehr in den Rucksack« gelegt wird.[28] Denn mit den Erwartungen wächst die Verantwortung. Und die Pflicht, Forderungen praxistauglich umzusetzen.

Doch schon jetzt ist den Grünen mit ihren Vorstößen gelungen, die etablierten Parteien in die innenpolitische Sacharbeit zu zwingen. Während seit 2015 Koalitionsgezänk, die Flüchtlingsdebatte und die in deren Folge erstarkende AfD die Agenda beherrschten, werden von der Großen Koalition endlich nun notwendige Schritte zur Begrenzung der CO_2-Emissionen, beim sozialen Wohnungsbau und Konjunkturprogramme für die sich abzeichnende Rezession beschlossen.

Geschliffene Reden, Verzögerungs- und Hinhaltetaktiken erreichen die Wähler nicht mehr. Grün ist jetzt das neue Schwarz. Diesem Trend wollen die Konservativen nacheifern.

Die stets hölzern auftretende Annegret Kramp-Karrenbauer etwa startet in der Wochenzeitung *Die Zeit* einen Erweckungsruf: »Wir können so nicht weiterleben«.[29] In ihrem selbst verfassten Beitrag zeichnet sie die düsteren Bilder von Klimawandel, Artensterben, Plastikflut in den Weltmeeren, belasteten Gewässern, gerodeten Wäldern und versiegelten Flächen nach, »Phänomene, von denen wir schon seit geraumer Zeit wissen«. Und schickt an alle Anhänger ihrer Partei, die es vergessen haben sollten, die Mahnung: »Denn die Bewahrung der Schöpfung für unsere Kinder und Enkel ist christdemokratischer Urgedanke und Kern unseres politischen Auftrags.« Warum haben die Verantwortlichen dann so lange Zeit nichts getan? Möchte man ihr zurufen.

In Bayern entdeckt Markus Söder sein Herz fürs Klima und die Bäume. Er hatte nach der Europawahl im Mai noch angekündigt: »Das Duell heißt ab jetzt nicht mehr Schwarz gegen Rot, sondern eindeutig Schwarz gegen Grün.«[30] Söders Heimat Bayern ist in weiten Teilen vom Grün geprägt. Und von dem Willen, dieses zu erhalten. Nachdem fast 1,8 Millionen seiner Landsleute Druck gemacht und das Volksbegehren Artenvielfalt »Rettet die Bienen!« unterzeichnet hatten,[31] was in ein verbessertes Naturschutzgesetz münden soll, räumt er dem Thema Ökologie ungewohnte Dringlichkeit ein. Er will sogar das Reisen mit der Bahn durch eine Verringerung der Mehrwertsteuer auf die Tickets billiger machen. Ein Vorschlag, den die Grünen weit vor ihm ins Spiel gebracht hatten. Annegret Kramp-Karrenbauer und er werden nicht die Einzigen bleiben, die mangels eigener Visionen die alten Ideen der Grünen kapern. Doch statt sich nun in Selbstgerechtigkeit zu sonnen, reagieren die Grünen souverän. Allen voran ihr Chef. Der *Münchner Merkur* etwa fordert Habeck mit der Frage heraus, ob er Söder die Rolle als »obersten Klimaschützer« abnehme. Darauf antwortet Habeck: »Mag schon sein, dass der Umweltschutz bei ihm nicht aus innerster Überzeugung passiert. Aber ich sehe das pragmatisch: Hauptsache, es passiert.«

Denn es muss jetzt vorangehen. Es ist keine Zeit zu verlieren. Und nur wenn es gelingt, die Menschen in den strukturschwachen Ländern des Ostens bei den im Herbst 2019 anstehenden Landtagswahlen in Brandenburg, Sachsen und Thüringen auf dem neuen Kurs mitzunehmen, wird sich wirklich etwas bewegen lassen.

Der Osten lebt

Die West-Grünen haben dreißig Jahre gebraucht, um zu begreifen, dass die östlichen Bundesländer nicht etwa überwiegend von fremdenfeindlichen Menschen besiedelt sind, sondern von ganz normalen Leuten, die aber eben andere Sorgen haben als das herkömmliche Wählerpotenzial der Grünen, das aus gut situierten Bildungsbürgern in städtischen Räumen besteht.

Weder die etablierten Parteien noch die Grünen haben die Ostdeutschen verstanden oder ihnen zugehört. »Die von drüben«

blieben einander fremd. Was nicht zuletzt an mangelnder Zusammengehörigkeit liegen mag.

Zum Zeitpunkt der deutsch-deutschen Wiedervereinigung war Robert Habeck zwanzig Jahre jung. In der Nacht, als sich die Menschen aus der DDR die Berliner Mauer eroberten, schob er Dienst in seiner Schwerstbehindertenwohngruppe.[32] Erst am nächsten Morgen, als er die Wäsche zusammenlegt, sieht er die Bilder, auf denen die Menschen durch das Brandenburger Tor strömen und »Wessis« und »Ossis« einander umarmen. Er ist sich damals bewusst, dass da etwas Umwälzendes in Gang gesetzt wird, doch er fühlt sich als Zaungast, weil er zu sehr damit beschäftigt gewesen sei, sein eigenes Leben auf die Reihe zu kriegen. Später räumt er ein, im Nachhinein nicht stolz auf diese Haltung zu sein.

Vielen Vertretern seiner Generation im Westen ist es so ergangen wie ihm. Sie haben die Teilung Deutschlands nach dem Krieg nicht miterlebt. Und auch nicht den Bau der Berliner Mauer. Wer keine Verwandten dort hatte, kam mit denen jenseits der Grenze nicht in Berührung. Die Leute »von drüben« waren ihnen mindestens genauso fremd wie Franzosen oder Engländer.

Die Menschen »da drüben« fühlten sich aber einige Zeit nach dem Freudentaumel der Wiedervereinigung ihrer Identität beraubt und mussten zusehen, wie ihre Dörfer verwaisten und moderne Raubritter in Gestalt von Investoren sich auf ihre Kosten bereicherten. Wie die ersehnte Freiheit sie eine Menge Jobs kosteten und sie plötzlich ohne Arbeit dastanden. Und als ihnen niemand »da oben« eine Perspektive geben wollte und Tausende von ihnen in Pegida- und Legida-Demonstrationen mit fremdenfeindlichen Parolen durch die Straßen von Dresden und Leipzig zogen, zeigte sich das »Dunkeldeutschland«, das der Nach-der-Mauer-Generation im Westen erst recht einen Vorwand lieferte, die Ostdeutschen als unverbesserliche Jammer-Ossis abzustempeln.

Dass mehr als fünfzig ehemalige Bürgerrechtler, unter ihnen Brandenburgs Ex-Ministerpräsident Matthias Platzeck sowie der frühere Bundestagspräsident Wolfgang Thierse, den nicht unumstrittenen Begriff selbst in einer Erklärung benutzt hatten, in der sie die Vereinnahmung der friedlichen Revolution in der DDR durch die islamophobe und fremdenfeindliche Pegida-Bewegung mit den Worten kritisierten »Euer Abendland heißt Dunkeldeutschland«, machte die Sache nicht besser.[33] Und weil noch immer niemand begreifen wollte, dass hinter dem Ausruf »Wir sind das Volk« in erster Linie das Bedürfnis nach Zugehörigkeit, Gehört- und Wahrgenommen-Werden steckte, wandten sich die Stiefkinder der Nation von den etablierten Parteien ab und den erstarkenden Rechtsaußen zu.

Die Grünen-Spitze hat sich vorgenommen, ihnen endlich zuzuhören. Ihnen eine Stimme zu geben. Schließlich hatte Robert Habeck auch denen »jenseits der Mauer« sein jüngstes Buch *Wer wir sein könnten* gewidmet. Während er mit Lesungen durchs ganze Land tourt – von Wyk auf Föhr bis Wittenberge – laufen die Vorbereitungen für den Wahlkampf in Brandenburg und Sachsen.

Glaubt man der SPD-nahen brandenburgischen Juristin und Schriftstellerin Juli Zeh, dürfte es schwer werden, für grüne Politik zu werben. In der ARD-Sendung *Hart aber fair* mutmaßte sie mitten im ostdeutschen Wahlkampf: »Wenn es einer Region infrastrukturell schlecht geht, dann wirkt Klimaschutz fast wie ein Luxusziel.«[34] Durch Sorgen um To-go-Becher fühlten sich Menschen »veräppelt«, deren Kinder eine 30 Kilometer entfernte Schule besuchen müssten.

Ob Cottbus oder Bautzen, Freital oder Leipzig, die Parteichefs der Grünen werben dennoch unermüdlich in Versammlungen für ihre Sicht der Dinge und daraus folgende Lösungen. Um Bürgernähe zu demonstrieren, tun sie das vorzugsweise in »Townhall Meetings«, bei denen sie in der Mitte auf einer

Bühne stehen, ähnlich einem Plenarsaal. Eine weitere Demonstration der Ausrichtung auf die Mitte und der Offenheit für alle Bürgerinnen und Bürger. Sie reden über lebendige Dörfer und Städte mit einem guten Radwegenetz und ebensolchen Bus- und Bahnverbindungen. Und natürlich über den Klimaschutz. Der aber eben auch den Kohleausstieg zur Folge hat, der den Arbeitnehmern in der Lausitz noch einen sicheren Job bietet – zumindest vorläufig. Denn der Ausstieg aus der Braunkohle bis 2038 gilt als sicher. Die Zusammenkünfte verlaufen trotz kritischer Auseinandersetzung keineswegs in aufgeheizter Stimmung, wie Robert Habeck es offenbar erwartet hat. In Cottbus etwa, so konstatiert er bei *dunja hayali*, hätten die vom Kohleausstieg Betroffenen ruhig und sachlich argumentiert. Was ihn zu der Bemerkung verführt: »Wenn so der Wahlkampf weiterläuft, dann kann manches Klischee über den Osten in die Tonne geworfen werden.«[35] Nach dem Ausrutscher, als er sich wünschte, das »Thüringen ein offenes, freies, liberales, demokratisches Land wird«, könnte der Verdacht aufkommen, Habeck müsse seine eigenen Klischees überprüfen. Denn ist er es nicht, der auf eine Sprache setzt, die niemanden ausgrenzt?

Im bundesweiten Trend liegen die Grünen am gleichzeitig in Brandenburg und Sachsen stattfindenden Wahltag am 1. September 2019 laut Umfragen der verschiedenen Meinungsforschungsinstitute bei 23 Prozent kurz hinter CDU mit um die 27 Prozent. SPD und AfD liegen mit 14,5 beziehungsweise 15 Prozent etwa gleichauf, während sich die FDP relativ stabil bei um die 8 Prozent eingependelt hat.

Anders gestalten sich die Landtagswahlergebnisse. In Brandenburg siegt die SPD mit 26,2 Prozent, dicht gefolgt von der AfD als zweitstärkste Kraft. Die Grünen landen mit 10,8 Prozent bei einem deutlichen Zugewinn von 4,6 Prozentpunkten auf dem vierten Platz hinter der CDU.[36]

In Sachsen ist die AfD mit 27,5 Prozent ebenso zweitstärkste Kraft. In diesem Fall hinter der Wahlsiegerin CDU. Auch hier belegt die einstige Öko-Partei, die nun lieber als Bündnispartei bezeichnet wird, mit 8,6 Prozent und einem Abstand von knapp 2 Prozentpunkten den vierten Platz nach den Linken.[37]

In beiden Ländern wird es nicht für ein Zweierbündnis reichen. Eine Koalition mit der AfD, und damit deren Aufnahme in die Regierungsverantwortung, wollen die bürgerlichen Parteien vermeiden.

Die Koalitionsverhandlungen für ein Kenia-Bündnis, wie es bereits seit 2016 in Sachsen-Anhalt praktiziert wird, in Brandenburg unter dem alten und vermutlich neuen SPD-Ministerpräsidenten Dietmar Woidke laufen relativ geschmeidig. In den Koalitionsverhandlungen konnten die Grünen ihre wichtigste Forderung, in der Lausitz keine neuen Tagebaue mehr zuzulassen, durchsetzen. In Kitas soll Beitragsfreiheit gelten, es sollen mehr Lehrer, Polizisten, Richter und Staatsanwälte eingestellt werden. Zudem wollen die rot-schwarz-grünen Koalitionäre mit Mitteln aus einem Milliardenkredit den Nahverkehr, den Neubau von Bildungseinrichtungen, das Gesundheitswesen, die Digitalisierung und den Klimaschutz fördern. Sollten die Parteimitglieder von CDU und Grünen dem Koalitionsvertragsentwurf bis Ende November zustimmen, könnte der Grundstein für eine reibungslose Koalitionsarbeit gegeben sein – so zumindest der Eindruck, den Woidke, Ursula Nonnemacher (Grüne) und Michael Stübgen (CDU) bei der Präsentation ihres gemeinsam erarbeiteten Papiers hinterlassen.

In Sachsen dagegen dürfte sich eine Einigung schwieriger gestalten. CDU-Landeschef Michael Kretschmer hatte sich im Vorfeld der Wahl gegen eine Zusammenarbeit mit den Grünen gestemmt. Als hochstrittige Themen könnten sich etwa das Polizeigesetz, die öffentliche Auftragsvergabe und der Termin für den Kohleausstieg erweisen. Sollten sich bei den jetzt, im November 2019, noch laufenden Sondierungen CDU, SPD und Grüne zu einem gemeinsamen Zukunftsbild zusammenraufen, würden die Grünen in dann insgesamt elf Bundesländern in der Regierungsverantwortung sein.

Die Frage ist, ob sich die Grünen in ganz Deutschland als Partei des Vertrauens etablieren und ob sie ihren bundesweiten Höhenflug in 2020 fortsetzen können. Das wird nicht zuletzt auch an ihrem Spitzenmann Habeck liegen, der unkt, welchen Fehler die Grünen jetzt keinesfalls machen dürften: »über die Grünen nachdenken«.[38]

Kann er Kanzler?

Die Zeiten sind aufgeregt, die Gemüter leicht zu erhitzen.

Sprachlich und textlich unkorrekte Formulierungen etwa bringen die Gender-Wächter auf. Sie sorgen sich, dass die Geschlechtervielfalt bei der herkömmlichen, überwiegend »patriarchalisch geprägten« Sprache nicht ausreichend berücksichtigt wird. Es wird darüber debattiert, ob nun der Gender Gap (Unterstrich = _), der Gender Star (Sternchen = *) oder der »dynamische Unterstrich«, das Binnen-I wie in StudentInnen oder das Splitting durch einen Querstrich (Student/innen) das Mittel ist, das die Wahrnehmung der Bevölkerung verändern könnte.

In Kanada bekam Justin Trudeau mitten im Wahlkampf Ärger wegen eines 18 Jahre alten Fotos, das ihn auf einer Gala-Veranstaltung unter dem Motto »Arabische Nacht« mit einem Turban und dunkler Gesichtsbemalung zeigt und vom *Time*-Magazin veröffentlicht wurde. Woraufhin sich der einst auch von Minderheiten als Hoffnungsträger gefeierte Premier entschuldigte, das habe er nicht tun dürfen: »Ich habe das damals nicht für rassistisch gehalten. Aber jetzt sehe ich, dass das rassistisch war.«[39]

Es gelten hohe moralische und ethische Maßstäbe in diesen Zeiten. Jeder Fehltritt, selbst aus vergangenen Tagen, oder ein Patzer kann ein politisches Aus befördern.

Der Hype um Robert Habeck hat im Sommer 2019 Hochkonjunktur. Er stellt sich den Besuchern seiner Homepage jetzt so vor: »Schriftsteller, Vater, Parteivorsitzender, Fraktionsvorsitzender im Kreistag und Landtag und Minister, das alles war ich.«[40] Was er einmal war, hat der Grünen-Chef losgelassen. Wer und was will er jetzt sein? Oder werden? Kanzler? Für den Fall, dass eines Tages klappen sollte, was herbeigeschrieben wird, hat AfD-Parteichef Jörg Meuthen jedenfalls schon mal vorsorglich seine Auswanderung angekündigt.[41]

Robert Habeck hingegen ist genervt von der ewigen K-Frage. Jede vermeintlich geschickt verpackte Frage kontert er mit der ewig gleichen Formel: Wer welchen Posten besetze, sei »unwichtig angesichts der vielen Probleme und anstehenden Entscheidungen«. Es gefällt den Leuten, wie er den Rummel um seine Person immer wieder herunterfährt.

Die Jüngeren werden originell finden, dass er sich in der Reihe »Sagen Sie jetzt nichts ...«[42] des Magazins der *Süddeutschen Zeitung*, in der Prominente animiert werden, pantomimisch zu antworten, auf die Frage, was er unbedingt zu einem (doppeldeutig gemeinten) Jamaika-Urlaub mitnehmen würde, mit einem Joint ablichten ließ.

Alle anderen, die beginnen, mit den Grünen zu liebäugeln, mögen ihn, weil er wirkt wie der nette Typ von nebenan. Trägt selten Anzug, (fast) nie Krawatte. Bügelt seine Jacken selbst. Auch wenn er für manchen Gusto das jugendsprachliche »krass« ein bisschen zu oft benutzt und gelegentlich nuschelt, spricht er wie jeder andere, der mal nach Worten kramen muss. Der Akademiker demonstriert Lernbereitschaft und spart nicht mit Selbstkritik, weshalb man ihm seine impulsiven Ausrutscher nicht allzu lange nachträgt. Und er sagt sogar nette Sachen über Politiker anderer Parteien, wie etwa die Bundeskanzlerin. So gesteht er angesichts des Stils ihrer Nachfolgerin auf dem Chefinnen-Posten der CDU in seinem Blog: »Ich hätte ja nicht gedacht, dass ich das mal schreiben würde, aber Angela Merkel fehlt schon jetzt.«[43] Im Übrigen besteht sein Talent darin, sich nicht eindeutig politisch verorten zu lassen. Laut Selbstbeschreibung ist er ein »linksliberaler, progressiver Politiker«.[44] Dennoch gleicht er in seinen Positionen oft genug der noch amtierenden Kanzlerin, die sich – je nach Gemengelage – als »mal konservativ, mal als christlich sozial und mal liberal«[45] bezeichnet.

Nach der Sommerpause sieht es so aus, als hätten sich Zeitungen und Magazine am Denker Habeck genug berauscht. Denn seine Visionen müssen früher oder später in praktikable Politik überführt werden. Ab jetzt unter scharfer Beobachtung. Sollte die große Koalition tatsächlich vorzeitig scheitern, will die Nation wissen, ob der Mann, der gern zum Mitdenken einlädt, überhaupt einen konkreten Plan hat. Und immer weiß, wovon er redet?

Als Habeck nach dem von der Bundesregierung vorgestellten Klimaschutzkonzept in *Bericht aus Berlin* nicht alle Details zur Pendlerpauschale parat hat, herumstottert und gesteht, »das jetzt gar nicht so genau« zu wissen, hagelt es Häme.[46] Und Kritik an der mangelnden Sattelfestigkeit des Grünen-Vorsitzenden, der sich »blamiert« habe und »ohne Peilung« sei. Im Netz klingt die Verurteilung deutlich schärfer. Ein Fehler, ein Eingeständnis. Aber die Zeiten, in denen man mit einem »Kann jedem mal passieren« darüber hinwegging, sind perdu. Vergessen ist ebenso, dass selbst Bundeskanzlerin Merkel 2005 im Hinblick auf eine Absenkung der Sozialbeiträge brutto und netto verwechselt hat und dennoch in der Lage war, das Land zu einem der wirtschaftlich stabilsten der Welt zu machen.[47] Stattdessen wird nun die

Frage gestellt: Finde ich den einfach nur sympathisch und nett, oder traue ich ihm zu, dass er die richtigen Entscheidungen trifft?

Wäre es nicht an der Zeit für mehr Großzügigkeit? Für eine Fokussierung auf verbindende Werte statt hämischer Bewertung? Für einen Raum, in dem Ideen atmen können, ohne von Rechthaberei und Besserwisserei erstickt zu werden?

Denn es gibt Grund für echte Besorgnis. Und wahrhaft drängende Probleme, die keinen Aufschub dulden.

Nach der aktuellen Prognose des Weltklimarats könnte der Meeresspiegel bis zum Jahr 2100 um mehr als einen Meter steigen. Ganze Küstenstreifen, Inseln und Halligen könnten auch an den deutschen Küsten verschwinden. Die Bundesregierung schnürt eilends ein Maßnahmenpaket, mit dem Deutschland die Ziele des Pariser Klimaabkommens für 2030 erreichen will. Zu den wichtigsten Eckpunkten gehört die schrittweise steigende CO_2-Bepreisung fossiler Brennstoffe, die dem Staat Milliarden Mehreinnahmen bescheren soll. Im Gegenzug soll zur Entlastung der Steuerzahler die Pendlerpauschale steigen, und die Mehrwertsteuer auf Bahntickets für Fernreisen soll von 19 auf 7 Prozent abgesenkt werden, die Kfz-Steuer soll stärker als bisher an den CO_2-Emissionen ausgerichtet werden und Prämien sollen einen Anreiz zum Kauf von E-Autos schaffen. Eine energiesparende Gebäudesanierung soll steuerlich gefördert werden. Und die EEG-Umlage zur Förderung von Ökostrom gesenkt werden. Robert Habeck kritisiert angesichts der existenziellen Bedrohung die – nicht nur aus seiner Sicht – halbherzigen Pläne der Großen Koalition als unzureichend und bemängelt fehlenden Mut: »Die Bundesregierung hat gerade die Hoffnungen einer ganzen Generation zerstört. Was sie vorhat, reicht hinten und vorne nicht, um die Pariser Klimaverträge zu erfüllen«, sagte er dem Bielefelder *Westfalen-Blatt*.

Obendrein verspiele die Regierung die Chancen auf Jobs und nachhaltigen Wohlstand. Und sie mache den Windkraftausbau an Land faktisch unmöglich und würge so eine ganze Zukunftsbranche ab. Die Grünen haben sich jedenfalls vorgenommen, ihren Einfluss im Bundesrat zu nutzen, um deutliche Nachbesserungen zu erreichen.

Unterdessen ist an den Außengrenzen Europas ein explosiver Unruheherd entstanden. Der andauernde Syrienkrieg erfuhr nach dem Abzug der US-Truppen die zu erwartende katastrophale Wendung. Der türkische Ministerpräsident Erdoğan marschierte in Nord-Syrien ein, um eine »Schutzzone« in dem überwiegend von Kurden besiedelten Gebiet zu schaffen. Tatsächlich aber will er damit die kurdische Autonomie in Nord-Syrien verhindern, weil er der Kurdenmiliz YPG vorwirft, mit der als Terror-Organisation eingestuften PKK verbündet zu sein. Seinen daraufhin protestierenden NATO-Bündnispartnern drohte er, den Flüchtlingspakt aufzukündigen und die türkischen Grenzen Richtung Europa zu öffnen. Die Kurden fühlen sich von der Weltengemeinschaft verraten. Zu Recht. Sie haben sich im Kampf gegen den islamistischen Terror als treue Verbündete erwiesen und halten in ihren Lagern 12.000 brandgefährliche IS-Kämpfer sowie deren Angehörige fest. Die Bewacher werden nun an der türkischen Front gebraucht. Den ersten Dschihadisten ist es bereits gelungen, aus den Gefängnissen zu fliehen. Im Internierungs-Camp Al-Hol führen Anhängerinnen des Dschihads eine Terrorherrschaft, berichten Menschenrechtler. Und noch ist unklar, welche Folgen die zwangsläufige Hinwendung der Kurden zur syrischen Regierung und ihre Annäherung an Russland nach sich ziehen werden. Für ein einiges, freies Europa dürfte das fatale Folgen haben.

Derweil schwelt im deutschen Untergrund der rechte Hass weiter. In Halle an der Saale hat sich der deutsche Staatsbürger Stephan B. aufgemacht, am höchsten jüdischen Feiertag, dem Versöhnungsfest Jom Kippur, einen Terroranschlag auf die Synagoge zu verüben. Der Versuch des Schwerbewaffneten, in das

Gotteshaus einzudringen, in dem sich rund 50 gläubige Juden versammelt haben, scheitert. B. richtet stattdessen zwei Zufallsopfer hin. Er bekennt sich zu der Tat aus rechtsextremistischen, antisemitischen Motiven.

Wie im Fall des ermordeten Regierungspräsidenten Lübcke ist von einem Einzeltäter die Rede. Ist er ein Einzelner, der wie zufällig den simplen Zuschreibungen rechter Agitatoren wie Björn Höcke folgt? Oder kommt er als eine »Dunkelziffer« zu der Zahl der Rechtsextremen hinzu, die der Verfassungsschutz in seinem Jahresbericht 2018 auf 24.000 schätzt? Von ihnen soll mehr als die Hälfte, nämlich 12.700, gewaltorientiert sein. Im Oktober 2019 warnt das Bundeskriminalamt vor 43 rechtsextremen Gefährdern, denen ein Anschlag zuzutrauen sei. Tendenz steigend.[48]

Andersgläubige, Andersaussehende, Andersdenkende stehen im Fokus der gewaltbereiten Rechtsextremisten, deren Ideologie zumindest vereinzelt von Angehörigen der Bundeswehr und Bundespolizei geteilt wird.[49] Dort war es in den vergangenen Jahren zu Diebstählen von Dutzenden schwerer Waffen und großer Mengen Munition gekommen, was nach einer Anfrage der Grünen-Abgeordneten Irene Mihalic und Konstantin von Notz öffentlich wurde. Bis heute konnte die hochgefährliche Ausrüstung nicht wiederaufgefunden werden. Sollte sie sich in den Händen von rechtsextremistischen Organisationen befinden? Bundesinnenminister Horst Seehofer jedenfalls redet nach den bestürzenden Ereignissen in Halle offenbar nicht grundlos von einer »sehr, sehr, sehr« hohen Bedrohungslage durch den Antisemitismus.[50]

Was auch für den Rechtsextremismus gilt. Während des Thüringer Wahlkampfs verbreiten Rechtsextreme Hass, Hetze und Morddrohungen. Etwa gegen den Spitzenkandidaten Mike Mohring, unter anderem, weil er als CDU-Angehöriger angeblich einen »Völkermord« toleriere, wie ein User namens »HelveticRebell« aufwiegelt.[51] Ernsten Bedrohungen ausgesetzt sahen sich auch der amtierende Ministerpräsident Bodo Ramelow (Linke), der thüringische Spitzenkandidat der Grünen, Dirk Adams – und Robert Habeck, bei dem die Sicherheitsbehörden nach einer Ankündigung auf Facebook ein unmittelbar bevorstehendes Attentat befürchteten. Anfang November werden Morddrohungen gegen die Grünen Claudia Roth und Cem Özdemir öffentlich. Dahinter steckt die Neonazi-Zelle »Atomwaffen Division Deutschland« (AWD), die einer rechtsextremen US-Gruppierung zuzuordnen ist.

Die Welt ist in Aufruhr. Nun kann niemand mehr daran zweifeln, dass die freiheitlich-demokratische Ordnung in Gefahr ist – ob sie nun aus dem rechten oder auch dem linken Spektrum droht. Die Fragen nach der inneren Sicherheit Deutschlands werden drängender. Das haben auch die grünen Parteifreundinnen und -freunde begriffen.

Ein Septemberabend in Eckernförde. Drei Tage nach dem vieldiskutierten Pendler-Patzer. Robert Habeck liest aus seinem Buch *Wer wir sein könnten*. Die Stadthalle ist rappelvoll mit rund 300 Leuten besetzt. Für Habeck, den früheren schleswig-holsteinischen Landesminister, ein Heimspiel. Die Menschen im Saal kennen ihn und haben erlebt, dass er mutig richtige Entscheidungen treffen kann. Er steht ganz vorn am Bühnenrand. Khakifarbene Hose, dunkelgraues Hemd. Und wirkt gewohnt gelassen. Nicht wie einer, der durch den Berliner Zirkus ohne Weiteres aus dem Konzept zu bringen wäre. Er redet über Sprache. Und darüber, was sie mit den Menschen macht. Welche Wirklichkeiten sie erschaffen kann. Wie zerstörerisch sie wirken kann. Und wie sinnstiftend. Stehend zitiert er auch aus seinem Vorgängerwerk *Wer wagt, beginnt*. Darin schrieb er, »Politiker zu sein heißt heute, öffentlich über Lösungen nachzudenken. Es heißt nicht unbedingt, jederzeit fertige Konzepte zu haben. Ich habe oft genug erlebt, dass ich keine Antworten hatte, und habe das auch oft genug zugegeben.«[52] Geliefert hat er trotzdem. Oder vielleicht genau deshalb. Weil er einer ist, der nach Lösungen sucht und zum Mitdenken einlädt. Und zum Mitgestalten. Deshalb jubeln sie hier im Saal.

Es ist fast dreißig Jahre her, dass Robert Habeck in Freiburg erkannte, wie »weltverachtend ein Gedankenuniversum ist, das nur um sich selbst kreist«.[53] Vielleicht spürte er schon damals, dass philosophische Erkenntnis allein die Welt nicht zu verändern mag. Und auch nicht das Schreiben von Romanen später. Dass man die Höhle verlassen muss, in der man es sich aus lauter Bequemlichkeit eingerichtet hat. Wer etwas wagt, beginnt. Und der wagt auch, sich angreifbar zu machen.

Zweifel ist notwendig. Und Kritik ist angebracht in der Politik. Aber es wäre wohl leichtfertig, eine neu entstehende politische Kultur von Wahrhaftigkeit durch Scheinheiligkeit zu vernichten.

Der Philosoph Karl Popper hat in *Das Elend des Historizismus* ausgeführt, was für Intellektuelle und Politiker im gleichen Maße gelten könnte: »Die Hybris, die uns versuchen lässt, das Himmelreich auf Erden zu verwirklichen, verführt uns dazu, unsere gute Erde in eine Hölle zu verwandeln – eine Hölle, wie sie nur Menschen für ihre Mitmenschen verwirklichen können. Wenn wir die Welt nicht wieder ins Unglück stürzen wollen, müssen wir unsere Träume der Weltbeglückung aufgeben. Dennoch können und sollen wir Weltverbesserer bleiben – aber bescheidene Weltverbesserer. Wir müssen uns mit der nie endenden Aufgabe begnügen, Leiden zu lindern, vermeidbare Übel zu bekämpfen, Missstände abzustellen; immer eingedenk der unvermeidbaren Folgen unseres Eingreifens, die wir nie ganz voraussehen können und die nur allzu oft die Bilanz unserer Verbesserungen zu einer Passivbilanz machen.«[54]

Ein letzter Satz, den Angela Merkel vermutlich unterschreiben würde. Mitte August 2019 war die Kanzlerin auf Einladung des

Redaktionsnetzwerks Deutschland und der *Ostsee-Zeitung* zu Gast im »RND-Salon on Tour«. Es ging um Geflüchtete, ums Klima. Und um die ermüdend oft gestellten Fragen nach dem Fortbestand der großen Koalition, deren Schicksal sich Anfang Dezember mit der Wahl der neuen SPD-Spitze entscheiden könnte. Am Ende des gut einstündigen Gesprächs wurde sie gefragt, was denn die Schüler in fünfzig Jahren über sie in den Geschichtsbüchern lesen sollten. Ihre Antwort: »Sie hat sich bemüht.«[55] Ein trauriger Satz, der wie ein Scheitern klang. Oder nach der Merkel eigenen Uneitelkeit.

Robert Habeck würde sich mit einem solchen Selbstzeugnis wohl nicht begnügen.

Er will die Gesellschaft verändern. In Deutschland. In Europa. Wenn man ihn lässt. Und wenn es ihm gelingt, seine innere Distanz zu den Ritualen und dem Geschehen im politischen Betrieb zu wahren. Dazu muss er nicht einmal Kanzler werden.

ANMERKUNGEN

Kapitel 1: Der Anfang von allem

1 Persönliches Gespräch mit Lehrer Rainer Petermann.
2 https://www.lifesciencenord.de/impressum/.
3 S. 24 aus der »Probsteer« vom 26.11.2014: https://www.der-reporter.de/verlags-seiten/pdf_archiv/probsteer/2014/probsteer48.pdf.
4 https://www.amt-schrevenborn.de/Gemeinden/Heikendorf/Geschichte.
5 https://www.boell.de/de/navigation/europa-nordamerika-6075.html.
6 S. 21 aus »Wer wagt, beginnt – Die Politik und ich« von Robert Habeck, 2016 bei Kiepenheuer & Witsch, 7. Auflage 2019.
7 S. 22 aus »Wer wagt, beginnt« von Robert Habeck.
8 Persönliches Gespräch mit Lehrer Rainer Petermann.
9 Persönliches Gespräch mit den Lehrern Rainer Petermann und Peter Wenners.
10 Persönliches Gespräch mit den Lehrern Rainer Petermann, Peter Wenners und Dr. Norbert Sieverding.
11 Persönliches Gespräch mit den Lehrern Rainer Petermann und Peter Wenners.
12 S. 72 aus »Wer wagt, beginnt« von Robert Habeck.
13 Persönliches Gespräch mit Lehrer Rainer Petermann.
14 S. 31 aus »Wer wagt, beginnt« von Robert Habeck.
15 https://www.welt.de/print/die_welt/literatur/article164529092/2-Bertolt-Brecht-Dreigroschenoper.html.
16 S. 32 aus »Wer wagt, beginnt« von Robert Habeck.
17 S. 32 aus »Wer wagt, beginnt« von Robert Habeck.
18 S. 31 aus »Wer wagt, beginnt« von Robert Habeck.
19 S. 28 aus »Wer wagt, beginnt« von Robert Habeck.
20 https://www.welt.de/kultur/literarischewelt/article164475856/Die-zehn-Buecher-die-mich-praegten.html.
21 S. 30 aus »Wer wagt, beginnt« von Robert Habeck.
22 https://www.stern.de/politik/deutschland/robert-habeck--umweltminister-in-schleswig-holstein--im-interview-7827514.html.
23 S. 52 aus »Wer wagt, beginnt« von Robert Habeck.

24 https://www.zeit.de/2017/42/robert-habeck-die-gruene-pruefung.
25 https://www.zeit.de/2019/26/robert-habeck-gruene-klimawandel-protestantismus-schuld.
26 https://www.deutschlandfunkkultur.de/robert-habeck-als-schriftsteller-progressiv-und-kuehn.1270.de.html?dram:article_id=410741.
27 S. 79 aus »Wer wagt, beginnt« von Robert Habeck.
28 https://www.zeit.de/zeit-magazin/2016/52/robert-habeck-politiker-schriftsteller-rettung.
29 Persönliches Gespräch mit Lehrer Rainer Petermann.
30 https://www.abendblatt.de/region/article213230135/Der-ploetzliche-Aufstieg-des-Robert-Habeck.html.
31 https://www.welt.de/kultur/literarischewelt/article164475856/Die-zehn-Buecher-die-mich-praegten.html.
32 https://www.kn-online.de/Nachrichten/Politik/Robert-Habeck-und-Andrea-Paluch-im-Interview.
33 https://www.kn-online.de/Nachrichten/Politik/Robert-Habeck-und-Andrea-Paluch-im-Interview.
34 https://www.kn-online.de/Nachrichten/Politik/Robert-Habeck-und-Andrea-Paluch-im-Interview.
35 S. 80 aus »Wer wagt, beginnt« von Robert Habeck.
36 S. 81 aus »Wer wagt, beginnt« von Robert Habeck.
37 https://www.zeit.de/zeit-magazin/2016/52/robert-habeck-politiker-schriftsteller-rettung.
38 https://www.welt.de/kultur/literarischewelt/article164475856/Die-zehn-Buecher-die-mich-praegten.html.
39 https://sh-gruene-fraktion.de/dr-robert-habeck.
40 Stern Nido, Heft 08/15, https://www.stern.de/nido/familienleben/familienleben--ich-fuehle-mich-oefter-als-rabenvater--7154502.html.
41 Stern Nido, Heft 08/15, https://www.stern.de/nido/familienleben/familienleben--ich-fuehle-mich-oefter-als-rabenvater--7154502.html.
42 Auskunft der Kulturbehörde der Stadt Hamburg.
43 https://www.worldcat.org/search?q=se%3A%22Faktor+fünf.%22&fq=ap%3A%22paluch%2C+andrea%22&dblist=638&start=11&qt=next_page.
44 https://www.worldcat.org/search?q=robert+habeck&fq=&dblist=638&start=21&qt=next_page.
45 https://www.kn-online.de/Nachrichten/Politik/Robert-Habeck-und-Andrea-Paluch-im-Interview.
46 S. 76 aus »Wer wagt, beginnt« von Robert Habeck.
47 »Wolfsspuren«, Omnibus, 2005; »Ruf der Wölfe«, Edel, 2019; »Wolfsnacht«, Sauerländer 2011.

48 Stern Nido, Heft 08/15, https://www.stern.de/nido/familienleben/familienleben--ich-fuehle-mich-oefter-als-rabenvater--7154502.html.
49 Grænsen – Magazin über Minderheiten, Sprache und Kultur Nr. 4/August 2018.
50 https://www.kn-online.de/Nachrichten/Politik/Robert-Habeck-und-Andrea-Paluch-im-Interview.
51 https://www.deutschlandfunkkultur.de/autorin-andrea-paluch-robert-macht-jetzt-politik-und-ich.970.de.html?dram:article_id=425708.
52 https://www.deutschlandfunkkultur.de/dichter-zwischen-den-meeren-txt.media.99868ca3a669e928b330c934f0e063fb.txt.

Kapitel 2: Die Zeit ist reif

1 https://www.nordschleswiger.dk/de/deutschland-suedschleswig/ich-bin-nicht-nur-da-zuhause-wo-meine-muttersprache-gesprochen-wird.
2 S. 103 ff. aus »Wer wagt, beginnt« von Robert Habeck.
3 https://www.nordschleswiger.dk/de/deutschland-suedschleswig/ich-bin-nicht-nur-da-zuhause-wo-meine-muttersprache-gesprochen-wird.
4 https://www.ndr.de/nachrichten/schleswig-holstein/Habeck-Literat-Politiker-und-Familienvater,habeck262.html.
5 https://www.deutschlandfunkkultur.de/autorin-andrea-paluch-robert-macht-jetzt-politik-und-ich.970.de.html?dram:article_id=425708.
6 https://www.kn-online.de/Nachrichten/Politik/Robert-Habeck-und-Andrea-Paluch-im-Interview.
7 http://www.danskmindretal.dk/assets/featured-persons/Oskar-Biografi-rettet.pdf.
8 S. 116 aus »Wer wagt, beginnt« von Robert Habeck.
9 S. 121 aus »Wer wagt, beginnt« von Robert Habeck.
10 Persönliches Gespräch mit Marlies Fritzen.
11 Persönliches Gespräch mit Marlies Fritzen.
12 S. 134 ff. aus »Wer wagt, beginnt« von Robert Habeck.
13 https://chrismon.evangelisch.de/artikel/2016/31939/robert-habeck-hauke-huecks-taedt-und-horst-niens-drei-vaeter-ueber-das-familienleben.
14 Erschienen im Gütersloher Verlagshaus, 2008.
15 https://www.kn-online.de/Nachrichten/Politik/Robert-Habeck-und-Andrea-Paluch-im-Interview.
16 https://www.tagesspiegel.de/themen/agenda/robert-habeck-und-konstantin-von-notz-bei-aller-freundschaft/13794642.html.
17 https://de.wikipedia.org/wiki/Peter_Harry_Carstensen#cite_note-7.
18 S. 145 aus »Wer wagt, beginnt« von Robert Habeck.
19 Persönliches Gespräch mit Marlies Fritzen.
20 https://taz.de/Umweltschutz-und-Beziehungen/!155061/.

21 https://www.deutschlandfunkkultur.de/autorin-andrea-paluch-robert-macht-jetzt-politik-und-ich.970.de.html?dram:article_id=425708.

22 https://www.shz.de/lokales/flensburger-tageblatt/matratze-ueberm-schlagzeug-id6719031.html.

23 Persönliches Gespräch mit Karl-Martin Hentschel.

24 Verlag Boyens, 2008.

25 https://www.deutschlandfunkkultur.de/das-eigene-geht-im-gemeinsamen-auf.1153.de.html?dram:article_id=182312.

26 https://www.deutschlandfunkkultur.de/dichter-zwischen-den-meeren-pdf.media.3596927ae4b54c35ab6b87e9264599c0.pdf.

27 https://www.deutschlandfunkkultur.de/das-eigene-geht-im-gemeinsamen-auf.1153.de.html?dram:article_id=182312.

28 http://www.danskmindretal.dk/assets/featured-persons/Oskar-Biografi-rettet.pdf.

29 Erschienen 2010 im Gütersloher Verlagshaus.

30 https://correctiv.org/faktencheck/politik/2019/06/14/ja-robert-habeck-hat-sich-kritisch-zu-vaterlandsliebe-geaeussert.

31 https://vera-lengsfeld.de/2018/07/10/wenn-der-oezil-sich-aber-als-tuerke-fuehlt-liebe-leute-was-dann/.

32 Homepage gelöscht am 22.7.2019.

33 https://www.kn-online.de/Nachrichten/Politik/Robert-Habeck-und-Andrea-Paluch-im-Interview.

34 https://mobil.stern.de/nido/familienleben/familienleben--ich-fuehle-mich-oefter-als-rabenvater--7154502.html.

35 https://www.deutschlandfunkkultur.de/autorin-andrea-paluch-robert-macht-jetzt-politik-und-ich.970.de.html?dram:article_id=425708.

36 S. 49 aus »Zwischen den Jahren« von Andrea Paluch, Ellert & Richter, Hamburg, 2012.

37 S. 11 aus »Zwischen den Jahren« von Andrea Paluch.

38 S. 14 aus »Zwischen den Jahren« von Andrea Paluch.

39 S. 16 aus »Zwischen den Jahren« von Andrea Paluch.

40 S. 44 aus »Zwischen den Jahren« von Andrea Paluch.

41 Interview mit Andrea Paluch von Uli Exner am 16.4.2012: https://lo.la.welt.de/user/redirect?redirectUrl=https%3A%2F%2Fwww.welt.de%2Fpolitik%2Fwahl-%2Fschleswig-holstein-wahl%2Farticle106184424%2FWenn-man-den-eigenen-Mann-an-die-Politik-verleiht.html.

42 http://kiel-wiki.de/index.php?title=Zweiter_Weltkrieg.

43 https://de.wikipedia.org/wiki/Flucht_und_Vertreibung_Deutscher_aus_Mittel-_und_Osteuropa_1945%E2%80%931950.

44 https://www.youtube.com/watch?v=BjSAlldcdzY.

45 https://www.youtube.com/watch?v=BjSAlldcdzY.

46 S. 146 aus »Wer wagt, beginnt« von Robert Habeck.

47 Auskunft per Mail (13.9.2019) zur Mitgliederentwicklung der schleswig-holsteinischen Grünen von 2000 bis 2019 – Stand 2010: 1.666; 2012: 2.105.
48 https://www.gruene-flensburg.de/themen-und-archiv/landtagswahl-2012/.
49 Persönliches Gespräch mit Ruth Kastner.
50 Persönliches Gespräch mit Peter Harry Carstensen.
51 https://stolpe-am-see.de/2012/03/robert-habeck-auf-schicht-in-stolpe/.
52 https://www.spiegel.de/fotostrecke/robert-habeck-gruenen-spitzenkandidat-in-schleswig-holstein-fotostrecke-81448-9.html (mittlerweile gelöscht: http://fuerhiermitdir.blogsport.de/2012/03/27/robert-habeck-stage-diving/).
53 http://www.wahlrecht.de/umfragen/landtage/schleswig-holstein.htm.
54 S. 155 aus »Wer wagt, beginnt« von Robert Habeck.
55 S. 149 ff. aus »Wer wagt, beginnt« von Robert Habeck.
56 https://www.bibliotheksverband.de/fileadmin/user_upload/Landesverbaende/Schleswig-Holstein/S-H_koalitionsvertrag_2012-2017.pdf.
57 https://www.topagrar.com/schwein/news/jeder-landwirt-ernaehrt-145-menschen-9568216.html.
58 https://www.bibliotheksverband.de/fileadmin/user_upload/Landesverbaende/Schleswig-Holstein/S-H_koalitionsvertrag_2012-2017.pdf.
59 https://www.schleswig-holstein.de/DE/Fachinhalte/N/naturschutz/Downloads/DB_Knickschutz.pdf?__blob=publicationFile&v=2.
60 https://www.shz.de/3613946.
61 https://www.shz.de/3613946.
62 https://www.shz.de/5936586.
63 S. 228 aus »Wer wagt, beginnt« von Robert Habeck.
64 Persönliches Gespräch mit Klaus-Peter Lucht, stv. Bauernpräsident Schleswig-Holstein.
65 https://www.faz.net/aktuell/wirtschaft/wirtschaftspolitik/das-gruene-projekt-agrarwende-wahlkaempfe-sind-nie-zeiten-der-rationalitaet-13459631.html.
66 https://www.deutschlandfunkkultur.de/das-eigene-geht-im-gemeinsamen-auf.1153.de.html?dram:article_id=182312.
67 https://www.kn-online.de/Nachrichten/Politik/Robert-Habeck-und-Andrea-Paluch-im-Interview.
68 https://www.kn-online.de/Nachrichten/Politik/Robert-Habeck-und-Andrea-Paluch-im-Interview.
69 https://taz.de/Umweltschutz-und-Beziehungen/!155061/.
70 https://www.kn-online.de/Nachrichten/Politik/Robert-Habeck-und-Andrea-Paluch-im-Interview.
71 https://taz.de/Umweltschutz-und-Beziehungen/!155061/.
72 https://www.focus.de/politik/deutschland/seit-sechs-jahren-kein-fleisch-mutprobe-auf-dem-schlachthof-gruenen-chef-habeck-erklaert-wie-er-vegetarier-wurde_id_10642478.html.

73 https://www.schleswig-holstein.de/DE/Landesregierung/V/Presse/PI/2017_neu/0917/170907_PI_Allianz_Gewaesserschutz.html.

74 Persönliches Gespräch mit Klaus-Peter Lucht, stv. Bauernpräsident Schleswig-Holstein.

75 S. 43 aus »Wer wagt, gewinnt« von Robert Habeck.

76 https://www.ln-online.de/Nachrichten/Norddeutschland/Kuestenfischer-laufen-Sturm-gegen-Habecks-Plaene.

77 https://www.schleswig-holstein.de/DE/Landesregierung/V/Presse/PI/2014/0414/MELUR_140409_Rede_Landtag.html.

78 S. 23 aus »Wer wagt, beginnt« von Robert Habeck.

79 https://www.schleswig-holstein.de/DE/Themen/N/netzausbau.html.

80 https://www.robert-habeck.de/texte/blog/sich-oeffnen-ist-die-staerke/.

81 https://www.shz.de/regionales/schleswig-holstein/millionenschaeden-durch-gefluegelpest-69-000-voegel-getoetet-id16293261.html.

82 https://www.welt.de/regionales/hamburg/article161571650/Habeck-will-Freilandhalter-wegen-Vogelgrippe-entschaedigen.html.

83 https://www.ln-online.de/Nachrichten/Norddeutschland/Protest-gegen-Stallpflicht-Habeck-bekam-Tierkadaver-per-Post.

Kapitel 3: Weiterdenken und Größer

1 S. 13 aus »Wer wagt, beginnt« von Robert Habeck.

2 https://www.kn-online.de/Nachrichten/Politik/Robert-Habeck-und-Andrea-Paluch-im-Interview.

3 Stern Nido, Heft 08/15, https://www.stern.de/nido/familienleben/familienleben--ich-fuehle-mich-oefter-als-rabenvater--7154502.html.

4 Abigail Marshall/Ronald Dell Davis, »Autismus verstehen und verändern. Am Leben teilnehmen mit dem Davis-Autismus-Ansatz«, Ioannis Tzivanakis Verlag (ITV), Hamburg 2013.

5 https://www.zeit.de/zeit-magazin/2016/52/robert-habeck-politiker-schriftsteller-rettung.

6 https://www.zeit.de/zeit-magazin/2016/33/vaeter-sigmar-gabriel-politiker-beruf-familie.

7 https://de.wikipedia.org/wiki/Europawahl_in_Deutschland_1979.

8 https://www.bundestag.de/dokumente/textarchiv/2013/42884746_kw09_wahlen_1983_kalenderblatt-210888.

9 https://cms.gruene.de/uploads/documents/Grundsatzprogramm-2002.pdf.

10 http://www.bpb.de/politik/grundfragen/parteien-in-deutschland/gruene/42151/geschichte.

11 https://www.faz.net/aktuell/politik/inland/konstantin-von-notz-lauter-gegner-von-nsa-und-bnd-13640030-p2.html.

12 https://www.shz.de/regionales/schleswig-holstein/politik/konstantin-von-notz-keine-kandidatur-gegen-robert-habeck-id10094001.html.
13 https://www.tagesspiegel.de/themen/agenda/robert-habeck-und-konstantin-von-notz-ein-dilemma-das-alle-belastet/13794642-2.html.
14 https://www.youtube.com/watch?v=5w5q4igryQc&sns=em.
15 E-Mail-Interview mit Malte Blockhaus vom 17.9.2019.
16 Abrufbar unter https://www.habeck-film.de/.
17 S. 14 aus »Wer wagt, beginnt« von Robert Habeck.
18 »Wer wagt, beginnt – Die Politik und ich« von Robert Habeck, 2016 bei Kiepenheuer & Witsch, 7. Auflage 2019.
19 S. 84 aus »Wer wagt, beginnt« von Robert Habeck.
20 S. 274 aus »Wer wagt, beginnt« von Robert Habeck.
21 S. 82 ff. aus »Wer wagt, beginnt« von Robert Habeck.
22 S. 83 aus »Wer wagt, beginnt« von Robert Habeck.
23 »Fleischfabrik Deutschland. Wie die Massentierhaltung unsere Lebensgrundlagen zerstört und was wir dagegen tun können« von Dr. Anton Hofreiter, Riemann, 2016.
24 https://web.archive.org/web/20181213152401/https://www.gruene.de/ueber-uns/2017/katrin-goering-eckardt-und-cem-oezdemir-gewinnen-die-urwahl.html.
25 ZDF Heute-Show, https://www.youtube.com/watch?v=oMAY5BVnfEw.
26 https://www.fr.de/politik/beliebte-herr-habeck-11046180.html.
27 https://www.berliner-zeitung.de/habeck--will-minister-in-schleswig-holstein-bleiben-26821468.
28 https://de.wikipedia.org/wiki/Jamaika-Koalition#Jamaika-Koalition_auf_Bundesebene.
29 https://www.tagesspiegel.de/politik/schleswig-holsteins-umweltminister-habeck-die-gruenen-im-norden-muessen-linker-werden/20242628.html.
30 Die Autorin im Gespräch mit Dennys Bornhöft.
31 https://www.welt.de/regionales/hamburg/article165553042/Mit-Gruenen-Reformen-sinnvoller-verhandelbar.html.
32 https://www.welt.de/politik/deutschland/article170501808/In-Berlin-entstehen-Konflikte-aus-dem-Nichts.html.
33 https://www.tagesspiegel.de/politik/schleswig-holsteins-umweltminister-habeck-die-gruenen-im-norden-muessen-linker-werden/20242628.html.
34 https://de.wikipedia.org/wiki/Bundestagswahl_2017.
35 S. 327 ff. aus »Wer wagt, beginnt« von Robert Habeck.
36 https://www.zeit.de/politik/deutschland/2017-12/robert-habeck-wundermann-mit-hindernissen-protraet/komplettansicht.
37 S. 180 ff. aus »Wer wagt, beginnt« von Robert Habeck.
38 https://www.sueddeutsche.de/politik/robert-habeck-gruene-1.4303690?reduced=true.

39 https://taz.de/Minister-Robert-Habeck/!5075810/.
40 https://www.tagesspiegel.de/politik/robert-habeck-der-ritt-auf-der-gruenen-welle/24215458.html.
41 https://www.robert-habeck.de/texte/blog/fuer-die-gesamte-partei/.
42 https://www.youtube.com/watch?v=bcCB1kWuqk8.
43 Bewerbungsrede vom 27.1.2018 abrufbar unter https://www.youtube.com/watch?v=hNP4zqIv-ng.
44 https://www.zeit.de/politik/deutschland/2017-12/robert-habeck-wundermann-mit-hindernissen-protraet/komplettansicht.
45 https://www.shz.de/regionales/schleswig-holstein/politik/robert-habecks-abschied-aus-sh-tut-wirklich-weh-id20775047.html.

Kapitel 4: Robert hebt ab

1 Grænsen – Magazin über Minderheiten, Sprache und Kultur Nr. 4/August 2018.
2 S. 46 aus »Wer wagt, beginnt« von Robert Habeck.
3 https://vroniplag.wikia.org/de/wiki/Home.
4 http://www.vroniplag.de/.
5 https://vroniplag.wikia.org/de/wiki/VroniPlag_Wiki:FAQ.
6 https://www.bild.de/politik/2011/karl-theodor-zu-guttenberg/tritt-zurueck-16210208.bild.html.
7 https://www.focus.de/politik/deutschland/parteien-umfrage-guttenberg-weiter-beliebtester-politiker_aid_607406.html.
8 https://www.zeit.de/2018/01/robert-habeck-schriftsteller-politiker-fruehstuecksei.
9 https://www.waz.de/politik/spd-zaehlt-ueber-10-000-neu-mitglieder-seit-schulz-nominierung-id209802495.html.
10 https://www.zeit.de/2017/07/spd-kanzlerkandidat-martin-schulz-schulzzug-soziale-netzwerke-hype.
11 Persönliches Gespräch mit Christoph-Robert Lutze, Landwirt in Hohenwestedt.
12 https://www.robert-habeck.de/ueber-mich/.
13 https://www.youtube.com/watch?time_continue=5&v=xZrUZy4--nM.
14 https://www.robert-habeck.de/texte/blog/.
15 https://www.youtube.com/watch?v=mPInFTj2qRQ.
16 https://www.youtube.com/watch?v=3ZIbXHXyMlk.
17 https://www.spiegel.de/netzwelt/netzpolitik/hackerangriff-spur-zum-politiker-leak-fuehrt-zu-19-jaehrigem-in-heilbronn-a-1246698.html.
18 https://www.n-tv.de/politik/politik_person_der_woche/Der-fliegende-Robert-article20801018.html.
19 DIE ZEIT vom 29.7.2010, »Vaterlandsversteher«, Beitrag von Miriam Lau.
20 https://www.mobilegeeks.de/artikel/social-media-verzicht-lieber-herr-habeck-tun-sie-es-bitte-nicht/.

21 https://www.bild.de/unterhaltung/leute/leute/politiker-robert-habeck-laessig-konservativ-er-hats-58200650.bild.html.

22 https://www.brigitte.de/aktuell/brigitte-live/robert-habeck-im-brigitte-talk--koennen-sie-kanzler--11571468.html.

23 https://www.tz.de/bilder/2019/04/05/12139815/1423740764-robert-habeck-gruenen-12xOlSFscUa7.jpg.

24 https://www.zeit.de/zeit-magazin/2016/52/robert-habeck-politiker-schriftsteller-rettung.

25 https://www1.wdr.de/mediathek/video/sendungen/koelner-treff/video-robert-habeck-100.html.

26 Persönliches Gespräch mit Christoph-Robert Lutze.

27 S. 25 aus »Wer wagt, beginnt« von Robert Habeck.

28 https://www.bild.de/bild-plus/politik/inland/politik-inland/gruenen-chef-robert-habeck-im-interview-was-ihn-zum-weinen-bringt-61521826.bild.html.

29 https://www.spiegel.de/kultur/tv/politiker-in-talkshows-robert-habeck-war-2018-am-haeufigsten-zu-sehen-a-1247296.html.

30 Zu Guttenberg: https://www.focus.de/politik/deutschland/parteien-umfrage-guttenberg-weiter-beliebtester-politiker_aid_607406.html.
Wulff: https://www.forschungsgruppe.de/Umfragen/Politbarometer/Archiv/Politbarometer_2005/April_II/.
Schulz: https://www.zeit.de/politik/deutschland/2017-02/martin-schulz-spd-cdu-umfragen.

31 https://www.bild.de/politik/inland/politik-inland/robert-habeck-gegen-politiker-rankings-das-ist-die-ver-dieter-bohlisierung-der-p-63522980.bild.html.

32 https://www.zeit.de/politik/deutschland/2019-01/social-media-robert-habeck-ausstieg-reaktionen.

33 https://www.welt.de/kultur/plus183333556/Lindner-Maas-Habeck-Kritik-der-modischen-Vernunft.html.

34 https://www.youtube.com/watch?v=6IzV-oWvpxU.

35 https://www.fr.de/politik/markus-lanz-zdf-solch-mann-duerfte-eine-talkshow-leiten-tv-kritik-zr-12742417.html.

36 https://www.zeit.de/zeit-magazin/2016/52/robert-habeck-politiker-schriftsteller-rettung.

37 https://meedia.de/2018/07/31/wenn-afd-meets-sommerloch-beatrix-von-storch-erfindet-auf-twitter-den-klimanazi/.

38 https://www.youtube.com/watch?v=KMiCkpxjyr8.

39 https://twitter.com/Frank_Pasemann/status/992471706798354432.

40 https://www.youtube.com/watch?v=x2hLbGlgxyQ.

41 https://www1.wdr.de/mediathek/video/sendungen/koelner-treff/video-robert-habeck-100.html.

42 Robert Habeck, »Wer wir sein könnten«, Kiepenheuer & Witsch, 2018.

43 S. 11 aus »Wer wir sein könnten« von Robert Habeck.

44 https://www.stern.de/politik/deutschland/beatrix-von-storch---angela-merkel-die-groesste-rechtsbrecherin-der-nachkriegsgeschichte--7772406.html.
45 https://www.welt.de/regionales/hamburg/article173379434/Empoerung-ueber-Hochofen-Aeusserung-von-AfD-Fraktionschef.html.
46 https://www.buchreport.de/bestseller/buch/isbn/9783462053074.htm/.
47 https://www.sueddeutsche.de/kultur/gruenen-chef-robert-habeck-auf-hass-zu-setzen-ist-leicht-1.4159579.
48 https://www.zeit.de/1971/39/wider-die-grossen-worte.
49 https://www.sueddeutsche.de/kultur/gruenen-chef-robert-habeck-auf-hass-zu-setzen-ist-leicht-1.4159579.
50 https://www.boell.de/de/navigation/europa-nordamerika-6127.html.
51 https://de.wikipedia.org/wiki/Gorgias_(Platon).
52 https://www.swp.de/gruene-interview-mit-robert-habeck-31457270.html.
53 https://www.pressreader.com/germany/lubecker-nachrichten/20190824/281590947223303.
54 S. 41 aus »Wer wagt, beginnt« von Robert Habeck.
55 https://www.zeit.de/2019/26/robert-habeck-gruene-klimawandel-protestantismus-schuld/seite-1.

Kapitel 5: Alles klar zur Wende

1 S. 16 aus »Wer wagt, beginnt« von Robert Habeck.
2 https://www.zeit.de/zeit-magazin/2016/33/vaeter-sigmar-gabriel-politiker-beruf-familie.
3 Erloschen Ende Juli 2019.
4 Interview Andrea Paluch mit Susanne Gaschke in Myself, August 2019.
5 https://www.kn-online.de/Nachrichten/Politik/Robert-Habeck-und-Andrea-Paluch-im-Interview.
6 https://dawum.de/Bundestag/.
7 https://www.forschungsgruppe.de/Aktuelles/Politbarometer/.
8 Stern-Titelseite, Ausgabe 23/2019 vom 29.5.2019.
9 S. 34 aus »Wer wagt, beginnt« von Robert Habeck.
10 https://www.stern.de/politik/deutschland/robert-habeck-und-annalena-baerbock--gruenen-chefs-setzen-auf-vertrauen-8684130.html.
11 Jung & naiv vom 08.7.2018: https://www.youtube.com/watch?v=v5ubWA7ThbE.
12 https://www.stern.de/politik/deutschland/robert-habeck-und-annalena-baerbock--gruenen-chefs-setzen-auf-vertrauen-8684130.html.
13 https://www.zdf.de/nachrichten/zdf-morgenmagazin/robert-habeck-im-topthema-100.html.
14 https://www.zeit.de/2019/33/daniel-cohn-bendit-die-gruenen-robert-habeck-kanzler.

15 https://www.sueddeutsche.de/kultur/gruenen-chef-robert-habeck-auf-hass-zu-setzen-ist-leicht-1.4159579.
16 https://www.gruene.de/artikel/kein-gruenes-licht-fuer-crispr-cas.
17 https://www.merkur.de/politik/gruenen-chef-robert-habeck-im-interview-ueber-seine-partei-12139815.html.
18 https://www.zdf.de/politik/dunja-hayali/dunja-hayali-7-august-2019-100.html.
19 Heute-Show: https://www.youtube.com/watch?v=3SJGCbv3gbY.
20 S. 38 aus »Wer wagt, beginnt« von Robert Habeck.
21 https://www.polsoz.fu-berlin.de/polwiss/forschung/systeme/empsoz/team/ehemalige/Publikationen/schriften/Arbeitshefte/Arbeitsheft-Nr-30_2019.pdf.
22 https://taz.de/Habeck-und-Klever-ueber-Europa/!5499262/.
23 https://www.zeit.de/2018/19/robert-habeck-gruenen-parteichef-interview?wt_zmc=sm.ext.zonaudev.mail.ref.zeitde.share.link.x.
24 https://www.spiegel.de/wissenschaft/natur/greta-thunberg-das-gesicht-der-globalen-klimabewegung-a-1241185.html.
25 https://dawum.de/.
26 https://www.zeit.de/news/2019-09/05/gruene-knacken-schwelle-von-90000-mitgliedern.
27 https://www.sueddeutsche.de/politik/umfrage-habeck-akk-kanzlerfrage-1.4487903.
28 https://www.youtube.com/watch?v=0G8_8zNhMs4.
29 Die ZEIT Nr. 26 vom 19.6.2019, S. 5.
30 https://www.br.de/nachrichten/bayern/soeder-und-aiwanger-mit-baeumen-gegen-die-gruenen,RVzmiND.
31 https://volksbegehren-artenvielfalt.de.
32 S. 63 aus »Wer wagt, beginnt« von Robert Habeck.
33 https://www.migazin.de/2015/01/07/ddr-buergerrechtler-kritisieren-pegida-demonstrationen/; https://www.sueddeutsche.de/politik/bundespraesident-joachim-gauck-die-ossis-und-dunkeldeutschland-1.2622780.
34 https://www1.wdr.de/daserste/hartaberfair/videos/audio-beim-klima-prima--aber-was-wollen-die-gruenen-noch-alles-100.html.
35 https://www.zdf.de/politik/dunja-hayali/dunja-hayali-7-august-2019-100.html.
36 https://dawum.de/Brandenburg/.
37 https://dawum.de/Sachsen/.
38 https://www.swp.de/gruene-interview-mit-robert-habeck-31457270.html.
39 https://time.com/5680759/justin-trudeau-brownface-photo/.
40 www.robert-habeck.de/ueber-mich/.
41 https://www.focus.de/politik/deutschland/das-wuerde-ich-nicht-aushalten-falls-robert-habeck-kanzler-wird-will-afd-mann-meuthen-auswandern_id_10698851.html.

42 https://sz-magazin.sueddeutsche.de/ein-interview-ohne-worte/sagen-sie-jetzt-nichts-robert-habeck-84368.

43 https://www.robert-habeck.de/texte/blog/vom-das-wird-man-doch-sagen-duerfen/.

44 https://www.swp.de/gruene-interview-mit-robert-habeck-31457270.html.

45 ARD-Sendung Anne Will, Oktober 2010.

46 https://www.welt.de/newsticker/dpa_nt/infoline_nt/brennpunkte_nt/article200773984/Habeck-zu-Fehler-bei-Pendlerpauschale-Aerger-mich-tierisch.html.

47 https://www.spiegel.de/politik/deutschland/cdu-panne-brutto-netto-merkel-a-368085.html.

48 https://www.spiegel.de/panorama/justiz/rechtsterrorismus-bka-zaehlt-erneut-mehr-rechte-gefaehrder-a-1291572.html.

49 https://www.welt.de/politik/deutschland/video195732457/BfV-Jahresbericht-Zahl-der-gewaltbereiten-Rechtsextremisten-nimmt-zu.html.

50 https://www.zdf.de/nachrichten/heute/bundesinnenminister-seehofer-anschlag-jederzeit-moeglich-100.html.

51 https://www.tagesspiegel.de/politik/morddrohungen-im-thueringer-wahlkampf-wie-neonazis-versuchen-politiker-einzuschuechtern/25138988.html.

52 S. 35 aus »Wer wagt, beginnt« von Robert Habeck.

53 S. 81 aus »Wer wagt, beginnt« von Robert Habeck.

54 https://www.lernhelfer.de/schuelerlexikon/politikwirtschaft/artikel/karl-raimund-popper.

55 https://www.ostsee-zeitung.de/Nachrichten/Politik/So-will-Merkel-in-Erinnerung-bleiben-Sie-hat-sich-bemueht.

Vielleicht will die SPD gar nicht, dass es sie gibt

Holger Fuß

Der Journalist Holger Fuß beschreibt eine Partei, die zerrissen ist zwischen Utopie und Pragmatismus, zwischen dem Traum vom demokratischen Sozialismus und dem Opportunismus gegenüber dem globalen Turbokapitalismus. Eine Partei, die nach außen gesellschaftlichen Zusammenhalt und Solidarität propagiert, aber intern erschreckend häufig von Intrigen, Neid und Diffamierungen geprägt ist. Fuß hat innerhalb der SPD recherchiert und mit Genossen gesprochen, die an ihrer eigenen Partei verzweifeln. Sozialdemokraten, die sich nach Aufbruchsstimmung sehnen und nach charismatischen Führungspersönlichkeiten. Herausgekommen ist ein einmaliger Einblick in den Maschinenraum eines untergehenden Schiffes. Der Autor fragt aber auch nach den Perspektiven für eine neue Sozialdemokratie, für eine starke SPD.

256 Seiten | Hardcover | 22,99 € (D) | ISBN 978-3-95972-224-7

256 Seiten | Hardcover | 19,99 € (D) | ISBN 978-3-95972-065-6